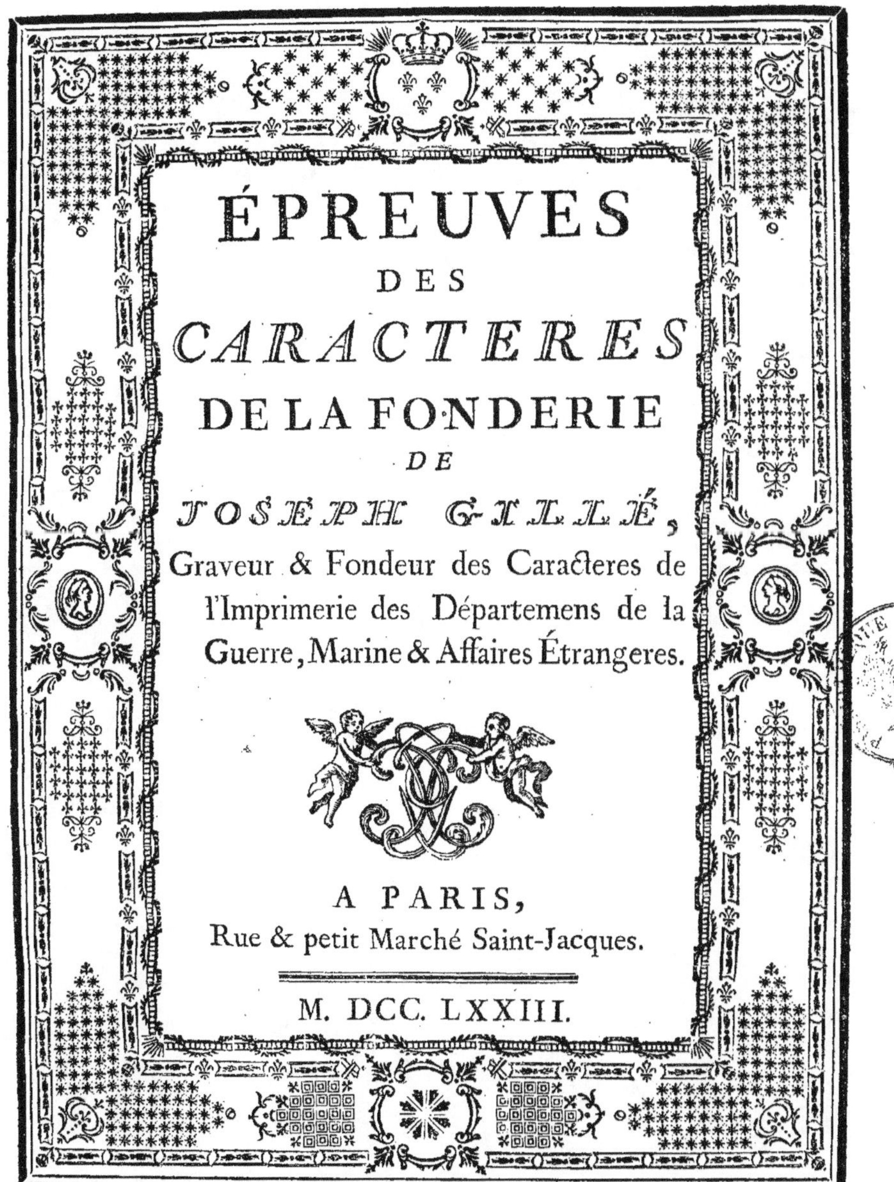

ÉPREUVES

DES
CARACTERES
DE LA FONDERIE

DE

JOSEPH GILLÉ,

Graveur & Fondeur des Caracteres de
l'Imprimerie des Départemens de la
Guerre, Marine & Affaires Étrangeres.

A PARIS,

Rue & petit Marché Saint-Jacques.

M. DCC. LXXIII.

A MESSIEURS
LES
IMPRIMEURS.

LE Livre que j'ai l'honneur de vous préfenter, Meſſieurs, renferme en premieres épreuves, non-feulement les modeles de toutes les efpeces de caraƈteres connus, & dont vous pouvez faire ufage ; mais encore des fignes Algébriques, Botaniques, Aftronomiques, les longues, les breves, les vignettes, les fleurons, & genéralement tout ce qui eſt du reſſort de mon Art. Je vous en ai déja offert un de ce genre, que vous avez accueilli de la maniere la plus obligeante. J'ai redoublé d'efforts pour vous intéreſſer de plus en plus à mes travaux ; & j'ofe dire, que le fuccès a paſſé mes efpérances. Permettez - moi d'en faire ici mention.

Le Miniſtère a bien voulu me choiſir pour fournir les caraƈteres de l'Imprimerie établie à Verfailles pour le fervice de la guerre, & des autres départemens de l'adminiſtration. Le Roi de Pruſſe ayant voulu des caraƈteres de France, pour fon imprimerie royale de Berlin, je les ai

livrés, à la satisfaction de ce *Prince*, amateur &
protecteur des beaux *Arts*.

Un grand nombre d'entre vous, *Messieurs*,
me font des demandes fréquentes, & la préfé-
rence qu'ils m'accordent, augmente encore le defir
que j'ai de vous contenter, par la correction &
la bonté de mes fontes.

J'ai donné à mes caracteres une coupe nette,
un alignement exact, une forme gracieuse & ré-
guliere : beautés dont l'œil est avide. J'ai fait la
gravure de mes empreintes ou matrices d'une pro-
fondeur suffisante pour empêcher que la lettre
ne s'emplisse, & pour qu'elle conserve plus long-
temps un bel œil & une forte de pureté. Quoique
l'*Art* de l'*Imprimerie* semble être parvenu aujourd'hui au dernier dégré de perfection, il est
encore possible de l'embellir & de l'enrichir de
quelques nouvelles découvertes. C'est du moins le
but que je me propose. Je l'aurai atteint si
le *Public* & *Messieurs* les *Imprimeurs* font per-
suadés que je ne défire, par une application cons-
tante & des recherches continuelles, que de mériter
leurs approbations & leurs suffrages.

Nº I.

NOMPAREILLE ROMAINE.

Lorſque la vivacité de l'imagination & l'impatience de s'expliquer précipitent la parole , on tombe de néceſſité dans un bredouillement ridicule qui choque & déplaît au dernier point. Le bégayement eſt bien plus difficile à corriger : cependant l'on ne bredouilleroit point , ſi l'on vouloit s'écouter parler. Un homme bègue doit parler peu & poſément, & ſurtout il doit tâcher de commencer ſon diſcours par les ſyllabes qu'il prononce le plus aiſément. Tritotin l'aîné qui bégaye & qui veut toujours parler , fait pitié dans une compagnie , quoiqu'il diſe de bonnes choſes : Philinte qui bredouille & qui ne dit rien qui vaille , ſe fait moquer.

Pour le graſſeyement , il faut convenir qu'il y a bien des hommes & des femmes même , qui l'affectent , & qui croyent donner par là beaucoup de grace à leur diſcours. On le paſſe aux femmes, parce qu'elles ſont depuis ſi long tems en poſſeſſion de la mignardiſe , & de l'af-féterie , qu'il y a preſcription. Mais dans un homme , dans un Damon , par exemple , à qui je veux bien donner ce nom , il n'y a rien qui marque une plus grande fatuité. Mettre du rouge , des mouches , & parler gras , c'eſt ſe dégrader de la nobleſſe de ſon ſexe , & faire voir qu'on eſt fâché d'être homme. Il faut donc laiſſer cela à Damon , & à ceux qui , comme lui , ſe font gloire d'empiéter ſur les priviléges des femmes , qui peuvent, ſans choquer la bien-ſéance naturelle , chercher à plaire aux hommes.

NOMPAREILLE ITALIQUE.

Dufreſne lui-même , ſans le langage des yeux , ne feroit qu'une legere impreſſion. Tout languit dès que les regards ne ſont point animés : l'œil eſt l'ame du diſcours : rien n'eſt moins perſuaſif que celui qui parle ſans l'aide de ce truchement. Le tonnere de la parole d'un Orateur , ne produit qu'un bruit inutile , s'il n'eſt accompagné de l'éclair de ſes regards. Les expreſſions les plus tendres ne ſont qu'effleurer le cœur , ſi un regard doux & inſinuant ne leur en facilite l'entrée. La compaſſion eſt plus l'ouvrage des larmes que l'on voit couler , que du récit de l'infortune qui les cauſe. Ainſi le regard eſt la vie de la parole. Les autres geſtes non-ſeulement ſont moins néceſſaires , mais il faut même, autant qu'on peut , s'en abſtenir.

Nº II.

MIGNONE ROMAINE.

LE geſte & le mouvement du corps, ou d'une partie du corps dont on accompagne ce que l'on dit à deſſein de l'inſinuer avec plus de force, ſont inutiles. L'œil & la main ſont les ailes de la parole : qui ſait bien ménager l'un & l'autre en parlant, donne à ſon diſcours une grace, une vie qu'il ne peut avoir ſans un tel accompagnement. Il faut donc faire uſage de l'un & de l'autre , mais avec goût & diſcrétion, ſur-tout du mouvement de la main. Le regard trop aſſuré , tient de l'effronterie: mal ménagé, il tient de l'égarement. Geſticuler ſans ceſſe , & à tout pro-pos , ſent le comédien ou le déclamateur. Il faut regarder celui à qui l'on parle , & ménager ſes regards avec prudence , ſuivant la qualité & l'importance de la perſonne.

Voulez-vous réjouir l'envieux , ceſſez d'avoir du mérite, ou ayez-en moins que lui. Griſpe n'a jamais témoigné plus d'amitié à Poſtume que depuis que celui-ci a fait une ſottiſe qui pourra cauſer ſa ruine. Il eſt aiſé de conclure par tout ce que nous venons de dire, que la richeſſe étant l'aliment des paſſions, & celles-ci cauſant le trouble de l'ame, il eſt plus facile au pauvre qu'au riche de ſe procurer le contentement de l'eſprit.

Si un homme raiſonnable ſe trouve dans l'opulence, il n'en abuſe point ; s'il n'a que la ſimple richeſſe, il en uſe avec économie: s'il eſt dans la pauvreté, il eſt encore ſatisfait de ſon état, dont la baſſeſſe n'influe point ſur ſon cœur.

MIGNONE ITALIQUE.

Comme on ne parle que pour ſe faire entendre , il faut toujours ſe ſervir des termes & des expreſſions les plus claires & les plus intelligibles. Point d'ambiguités obſcures , point de ces termes nouveaux & extraordinaires que les Puriſtes affectent , croyant par là ſe donner du relief parmi le beau monde , & paſſer pour capables. Surtout , point de ces termes bas & populaires qui ſentent le ruiſſeau. Il y a un milieu entre le ſtile des halles & celui des ruelles. Quand un homme parle , il ne faut point l'interrompre , fût-il un fat , comme il arrive ſouvent , qui ne débiteroit que des impertinences : mais on peut s'en aller s'il ennuie, ou bien attendre qu'il ait fini ſon diſcours ſi l'on veut y répondre. La converſation eſt pour tout le monde , l'homme d'eſprit & l'idiot ont droit d'y parler chacun à leur tour.

* A

N° III.

PETIT TEXTE ROMAIN PETIT ŒIL.

Quelle plus grande imprudence que de dire une chose qui, étant divulguée, doit nous faire tort ! Celui-là sera cher à Verrès, qui pourra accuser Verrès quand bon lui semblera. N'est-ce pas se rendre esclave d'une personne, que de lui confier un secret de cette nature ? Dans quelles appréhensions ne se trouve-t-on pas à chaque instant ? De quelles complaisances serviles ne faut-il pas user pour l'engager à nous être fidele ? A voir *Lysandre* accabler *Cratés* de caresses, le combler chaque jour de nouveaux présens, le rendre maître chez lui, le mettre de toutes ses parties de plaisirs, lui prêter son argent, son carrosse, sa maison de ville & celle des champs; vous croiriez peut-être qu'il est le plus cher de ses amis; vous n'y êtes pas : il a eu l'imprudence de lui confier un secret, d'où dépend sa ruine & celle de toute sa famille..... Cette personne a dans le fond toute la fidélité & la discrétion possible ; c'est le meilleur de mes amis; mille accidens, une maladie, une ivresse, une vue d'intérêt, une intrigue amoureuse, une brouillerie, un refroidissement, ne suffisent-ils pas pour arracher son secret ? Pourquoi d'ailleurs voudrois-je exiger d'un autre plus de discrétion que je n'en ai moi-même ? Convenons en même tems, que si confier une chose qui doit être tue, est la plus grande de toutes les indiscrétions, divulguer le secret qui nous a été confié, est la plus lâche de toutes les trahisons. Nous n'offensons que nous-mêmes en divulguant notre secret; mais ne brisons-nous pas tous les liens de l'amitié, & ne faisons-nous pas à notre ami le plus sensible & le plus irréparable outrage, en prostituant le dépôt sacré qu'il nous a mis dans le sein ?..... Plus on a de confidens, & plus on a de sujets de crainte... Pamphile s'étonne qu'en quelqu'endroit qu'il aille, il trouve les gens informés de l'affront secret qu'il a reçu. Cela me passe, dit-il ; je m'y perds... Si une chose confiée à une seule personne est presque toujours divulguée, que sera-ce du secret de Pamphile, dont il a fait confidence à trente de ses amis ? Nous a-t-on confié un secret; qu'il n'y ait ni vue d'intérêt, ni considération de fortune, ni complaisance, ni dépit, ni prieres, ni menaces, ni tourmens qui puissent tirer de notre bouche ce que l'on aura confié à notre cœur. La fausse confidence est la voie la plus sûre pour trouver la route des autres : mais défions-nous de ceux qui viennent nous confier de mystérieuses vétilles. Théodore me tire à quartier : à son air affairé, je m'imagine qu'il n'a rien moins que la disgrace d'un Ministre à m'apprendre. C'est pour me dire à l'oreille, & après avoir regardé si personne ne l'écoute, que la Cour restera à Fontainebleau jusqu'à la S. Martin : que Célimene a perdu deux cens pistoles au jeu ; & que Chloé s'est brouillée avec un Sous-Fermier qui l'entretenoit, &c.

L'homme toujours heureux ne prend gueres le goût des bonnes actions, & charmé du présent, il perd aisément l'avenir de vue : mais Dieu miséricordieux lui suscite un malheur qui le réveille, & la disgrace fait sur lui ce que la seule raison n'auroit pas fait.

Le repos du cœur ne consiste pas dans cette paresse létargique, qui le tient dans l'inaction, & le rend insensible à tout. C'est ce qui a trompé Épicure, lorsqu'il s'est imaginé que la souveraine félicité de Dieu consistoit à ne prendre aucun soin de ce qui est hors de lui : mais il a rencontré plus juste à l'égard des hommes, lorsqu'établissant leur béatitude dans la volupté de l'ame, & cette volupté dans la tranquillité parfaite, il réduit ce repos voluptueux à se rendre tellement maître de toutes ses passions, que l'on ne puisse être ébranlé par aucune d'elles. L'on se trompe assez souvent en prenant la lâche indolence pour l'égalité d'ame.

Voulez-vous réjouir l'envieux ; cessez d'avoir du mérite, ou ayez-en moins que lui. Crispe n'a jamais témoigné plus d'amitié à Postume que depuis que celui-ci a fait une sottise qui pourra causer sa ruine. Il est aisé de conclure par tout ce que nous venons de dire, que la Richesse étant l'aliment des passions, & celles-ci causant le trouble de l'ame, il est plus facile au Pauvre qu'au Riche de se procurer le contentement de l'esprit.

Nº IV.

LEs Riches & les perfonnes élevées font ordinairement fujets à deux fortes d'envie, également dangereufes & contraires à leur repos. La première eft celle que les inférieurs leur portent; la feconde eft celle qu'ils portent eux-mêmes à leurs fupérieurs ; car il faut être bien élevé pour n'avoir perfonne au-deffus de foi. L'envie que nous portons à nos femblables , ou à ceux que la Fortune place au-deffus de nous , eft un ferpent que l'amour-propre fait éclore dans notre cœur ; il le pique , il le ronge & lui donne une torture continuelle. L'envieux fe chagrine du bien que l'on fait aux autres , parce qu'il croit le mériter feul , & qu'il le regarde comme un larcin qu'on lui fait. Si l'envie naît de l'amour-propre , quel homme en doit plus avoir que celui qui eft riche & puiffant? Si l'envie trouble la tranquillité , quel homme encore doit être moins en repos avec lui-même. L'envie eft inféparable de l'ambition. Qui eft fans ambition , peut être fans envie ; mais il eft impoffible que celui qui eft ambitieux ne foit pas envieux. Comme il défire la chûte de ceux qui lui ferment le chemin aux honneurs , de même il ne peut les voir avancer , qu'il ne s'imagine que chaque pas qu'ils font en avant , lui en fait faire deux en arrière. L'envie eft au cœur ce que la rouille eft au fer qu'elle ronge & qu'elle réduit à rien. C'eft un monftre farouche que l'on ne peut apprivoifer. Le mérite eft fur-tout ce qui fait fon fupplice. A force de douceur on peut humanifer un fauvage, un canibal ; mais à force de vertu, l'on ne fait qu'irriter un envieux. Car quel moyen croyez-vous que l'actif, le vigilant, le laborieux , &c.

Nº V.

PETIT TEXTE ŒIL MOYEN.

LE Pauvre généralement parlant, eft moins vindicatif que le riche; & la raifon en eft claire. La vengeance eft fille de l'orgueil, & la richeffe en eft la mere. Il y a encore une raifon d'intérêt, outre celle d'impuiffance ; le pauvre fent qu'il a befoin de tout le monde, & qu'un ennemi peut lui faire plus de tort que vingt amis ne peuvent lui rendre de fervices; & fouvent il ne fe trompe pas. Le riche au contraire ne craint perfonne, croit n'avoir befoin de perfonne , & c'eft en quoi il fe trompe quelquefois : le pauvre même peut lui donner un fujet de crainte bien fondé. La Fable de l'Aigle & de l'Efcarbot, dans La Fontaine , infinue du moins cette vérité. Le Pauvre en matière d'offenfe , ne fait fouvent qu'un atôme d'une montagne , le Riche au contraire fait prefque toujours une montagne d'un atôme. Le Pauvre , après avoir reçu une offenfe diffimule , & remercie même quelquefois. Le Riche après une ample réparation n'eft pas encore appaifé ; l'idée que lui en forme fon orgueil eft immenfe, il n'eft pas étonnant qu'il puniffe de la manière la plus injufte , des fautes qui ne mériteroient pas l'attention d'un efprit fenfé. Les valets, les parafites, les ficophantes , les flateurs , les flagorneurs qui obfédent les puiffans , ne contribuent pas peu à les rendre impatiens & prompts à s'enflâmer ; leur lâcheté va jufqu'à applaudir à leur inhumanité. C'eft la juftice & l'équité même , felon eux , qui les engagent à facrifier les foibles à leur aveugle reffentiment. Les lions , les ours, les mâtins, font autant de petits faints, dit La Fontaine : mais l'âne, le malheureux âne eft criminel & puniffable, parce qu'il eft le plus foible.

N° VI.

PETIT TEXTE ROMAIN ORDINAIRE.

CRATIN eſt donc un poltron en ce que la connoiſſance du péril l'excite intérieurement à l'éviter. Son jugement & ſon imagination préoccupés par la crainte, le lui groſſiſſent à meſure qu'il approche, & lui donnent une entière défiance de ſes forces. Il ne dit pas que c'eſt parce qu'il craint, mais il ſe retranche ſur la prudence : il éleve cette vertu, & en fait l'éloge. Une retraite honnête, dit-il, n'eſt-elle pas quelquefois plus avantageuſe qu'une victoire. Si nous avançons, tout eſt perdu. Quelle témérité d'oſer attaquer l'ennemi avec des forces ſi inégales : c'eſt chercher à lui donner une victoire complette. .. Il enviſage l'armée ennemie : la peur eſt une ivreſſe qui double, qui triple les objets, dix mille hommes lui en paroiſſent trente mille, & nous n'en avons pas quinze, s'écrie-t'il, & encore tous ſoldats neufs. Il découvre au loin des troupeaux de bœufs & de moutons qui arrivent au camp, ſon imagination les habille auſſi-tôt en hommes de guerre, il diſtingue la cavalerie d'avec l'infanterie, il voit même flotter les drapeaux ; ils approchent, il entend déjà le bruit des tambours & des trompettes ; c'eſt un renfort qui vient à l'ennemi ; il faut périr, ſi on l'attend ; ſauve qui peut.... Alors ſans ſe ſoucier, ni de la honte, ni de l'infamie, il prend la fuite, & il eſt à dix lieues de là qu'il tremble encore.

N° VII.

PETIT TEXTE GROS ŒIL.

UN plaiſir épuiſé fait naître le déſir d'un autre, & celui-là d'un autre, à l'infini. Les attraits de la volupté ne l'endorment pourtant pas ; au contraire ils le rendent plus actif, plus induſtrieux à trouver de quoi fournir aux paſſions. Repréſentez-vous un homme occupé à ramaſſer du bois de tous côtés & continuellement, pour le jetter au feu. La grande maxime de ce Verrès, eſt que ſans Bacchus & Cerès, les plaiſirs languiſſent & s'envolent. Pour fixer un domicile chez lui à ces grandes Divinités, il en a chaſſé l'honneur qui eſt leur ennemi, & l'a remplacé par le dol, la fraude, & la mauvaiſe foi, qui y ont amené la richeſſe avec eux. Il s'embarraſſe peu comment ni d'où il tienne, pourvu qu'il tienne. Ne vous imaginez pas cependant qu'il s'amuſe à idolâtrer ſon or. Il eſt avare néanmoins, mais ce n'eſt que pour ſes amis ; à l'égard de ſa table & de ſes Courtiſanes, il eſt prodigue. Ceux qu'il appelle ſes amis peuvent aller prendre leur part, s'ils le ſouhaitent, de ſes débauches. Voilà tout ce qu'ils ont à attendre de lui ; il ſeroit fâché de ſe priver un jour de ſes plaiſirs, pour les obliger une année. Rien n'eſt trop bon, ni trop beau, ni trop cher pour Virron. Un plaiſir ne coûte rien, quand il ne coûte que de l'argent N'a-t-il pas raiſon ? L'argent ne lui coûte que la peine de le recevoir. Il ſçait où il y en a, où il y en aura & comment il faut le tirer. Il a des talens admirables.

PETIT TEXTE GROS ŒIL.

L'homme depuis vingt ans juſqu'à quarante veut être libre & indépendant ; il recherche avec ardeur tout ce qui peut lui procurer du plaiſir. Comme il eſt extrêmement prompt & plein de ſa propre volonté, & que d'ailleurs ſes déſirs ſont violens & impérieux, les obſtacles loin de le rebuter ne ſervent qu'à l'irriter, & à l'enflammer davantage. Les ſens ont ſur-tout beaucoup d'empire ſur lui : ce qui les frappe agréablement devient l'objet de ſes vœux : mais la poſſeſſion le rend bientôt froid.

N° VIII.

PETIT TEXTE GROS ŒIL PORTANT SON BLANC.

HERMOGÉNE aime la magnificence , la bonne chere, les divertiffemens, les fpectacles; mais il s'en paffe , ne pouvant mieux faire ; la pauvreté le rend économe & rangé malgré lui. Hermogene a reçu de la Nature un cœur fenfible & pénétrable aux moindres traits de l'Amour; il eft d'une complexion extrêmement voluptueufe. Les premiers objets qui fe préfentent, pour peu qu'ils ayent de charmes , lui font une vive impreffion ; les derniers lui font oublier les premiers ; de forte que fon cœur eft continuellement en proye à de nouveaux défirs, qui fe reproduifent & fe fuccédent, en fe détruifant les uns les autres. Mais comme la Fortune a donné auffi peu de faculté à Hermogene, que la Nature lui a libéralement départi de cupidité ; la difficulté d'atteindre à la poffeffion de ce qu'il défire, l'effraye, le rebute ; & il en refte là. De retour chez lui , les émotions de fon cœur fe calment & font place à la réflexion.

Virron , qui de l'indigence eft parvenu à la pauvreté , & de celle-ci à la richeffe & à l'opulence , ne défire pas impunément. Il eft fenfible à tous les plaifirs ; nommez-en quelqu'un qui n'enflâme pas fa convoitife. Il voudroit les goûter , ou plutôt les dévorer tous à la fois. Il fe trouve au milieu d'eux comme un loup affamé au milieu d'un troupeau. L'un attire par fa douceur; celui-ci par fa vivacité, celui-là par fa délicateffe ; cet autre excite merveilleufement la fenfualité. Lequel prendre ? Virron devroit avoir un confeil compofé de voluptueux, & aller aux opinions pour déterminer fon choix.... Il fe plaint que la Nature ne lui ait pas donné des forces proportionnées à fa brutalité ; que n'a-t-il la panfe de de Grandgoufier & la vigueur d'Alcide.

ITALIQUE.

TOUT le point confifte donc, ou à feconder la fympathie, ou à vaincre l'averfion qui fe trouve, fans que nous puiffions dire pourquoi, entre nous & certaines perfonnes. C'eft ce que nous devons fur-tout obferver à l'égard de ceux que nous voulons faire fervir à notre avancement tel qu'il foit. Chaque âge a un caractere particulier qui lui eft propre. On remarque dans le même homme jufqu'à vingt ans , beaucoup de foibleffe & d'indifférence ; jufqu'à quarante, beaucoup de pente aux plaifirs ; jufqu'à foixante, un efprit impérieux & décifif, & depuis foixante, il eft prefque toujours avare & défiant. Comme le premier âge n'a que peu ou point de part au commerce du monde, nous n'en dirons rien.

La loi mahometane a établi dans le mariage deux chofes également oppofées à ce qui fait l'effence du nôtre. L'une en permettant le divorce, l'autre en ordonnant la pluralité des femmes. Il faut ou que les Turcs foient plus modérés & plus patiens que nous, ou que leurs femmes foint plus dociles que les nôtres. Si nous ne pouvons vivre en union avec une feule femme, que feroit-ce fi la multiplicité nous en étoit permife? Si les plus riches d'entre nous ne peuvent quelquefois fournir au luxe & à la dépenfe d'une feule femme, &c.

* B

GAILLARDE.

IL y a trois sortes de personnes sur qui il ne faut jamais faire tomber nos railleries; sur les malheureux, parce qu'ils sont déjà assez à plaindre sans qu'on les insulte; sur les méchans, parce qu'ils peuvent se venger; & sur nos proches, parce qu'elle retombe sur nous. Sur-tout il ne faut jamais se jouer à son maître; qu'il se familiarise avec nous, à la bonne heure ; mais ne nous familiarisons jamais avec lui. Que de favoris sont tombés de haut, faute de précaution ! Georgius étoit bien venu chez un Grand, il avoit son oreille & sa confidence; un bon mot mal placé l'en a fait chasser honteusement & sans retour. Ce n'est pas une moindre imprudence que de faire des railleries que l'on peut rétorquer sur nous. Démosthene faisant des plaisanteries à son ordinaire, sur un homme qui avoit un nez excédent, celui-ci tira un miroir de sa poche & fit voir à l'autre qu'il étoit lui-même camard. Socius raillant un de ses amis sur la coquetterie de sa femme, celui-ci le convainquit que la sienne étoit plus que galante.

Les diseurs de bons mots ne sont pas toujours les plus sages : ce n'est pourtant pas qu'on ne puisse être sage & railler finement & avec modération; mais on contracte si facilement une mauvaise habitude, qu'il vaut mieux s'abstenir tout-à-fait de railler, que de s'exposer à pleurer après avoir fait rire les autres. La véritable politesse étoit connue autrefois chez les Romains, en partie sous le nom d'élégance, & en partie sous le nom d'urbanité. C'est peut-être de là que Pétrone a été appellé l'arbitre de l'élégance des plaisirs de Néron : comme si l'on disoit, l'arbitre de la politesse de la Cour de cet Empereur. Quoi qu'il en soit, si cette politesse est difficile à connoître, elle l'est encore plus à pratiquer exactement. Erafte, toujours guindé, toujours sur le cérémonial, toujours saupoudré d'anis, croit être poli pour le moins. Erafte n'est pourtant que ce qu'on appelle un Damaret. Rien n'est plus ordinaire que de confondre la politesse avec une certaine fausse galanterie.

ITALIQUE.

Combien de Héros en effet, combien de grands Politiques, de Sages, de Savans sont perdus dans la plus vile populace ? Combien en trouveroit-on parmi ceux qui fouillent la terre, qui auroient toute la capacité nécessaire pour commander des armées & gouverner des Etats ? Combien de docteurs sublimes, de philosophes profonds, de poètes illustres, &c. sont occupés à paître les bestiaux, à couper des arbres ? Combien d'idiots au contraire sont quelquefois dans l'élévation, à qui de tels emplois conviendroient mieux ? Mais, répondra-t-on, pourquoi la Providence permet-elle que tant de rares vertus, que tant de précieux talens ne soient d'aucune utilité, ni à ceux qui les possedent, ni aux autres ? Ne seroit-ce pas pour la même raison que cette même Providence permet qu'il y ait tant de pierres précieuses cachées dans les entrailles de la terre.

PETIT ROMAIN PETIT ŒIL.

IL ne faut être ni Philosophe ni Comédien dans son accommodement. On ne s'est d'abord servi du vêtement que pour se couvrir & se défendre des injures de l'air. On a fait ensuite un ornement de ce qu'on avoit pris pour le besoin; & le luxe s'étant introduit peu à péu, on en a fait une des principales dépenses de la vie. Chaque année, chaque saison & presque chaque jour produit une nouvelle mode, qui plaît toujours par les graces de la nouveauté & par cette fureur que l'on a de se distinguer du commun. La mode est devenue un tiran, aux loix & aux caprices duquel il faut se soumettre, sans s'amuser à philosopher sur ce qu'elle a de bizarre; il faut la prendre sans précipitation & la quitter sans lenteur. Lysandre a inventé une mode ridicule, c'est un extravagant. Timon est le seul qui s'obstine à ne la pas suivre, c'est un hypocondre. Il faut cependant qu'un homme sage, en suivant la mode, examine son âge & sa profession, pour ne point sortir des bornes que la bienséance lui prescrit. Cléon s'étonne que tout le monde lui rit au nez, depuis qu'il s'est fait habiller à la mode : Comment donc faut-il se mettre, dit-il, suis-je le seul qui porte un petit chapeau? Non… mais avez-vous oublié, messire Cléon, que vous êtes plus que septuagénaire? Ce n'est pas encore tout; faites-vous attention que telle mode qui convient au Cavalier rend le Magistrat ridicule, & ainsi du reste. L'habit est en quelque façon l'indice de l'intérieur. Sa superfluité marque l'orgueil ou la profusion; sa malpropreté, la paresse ou la bassesse d'ame; sa bizarrerie, un cerveau mal timbré. Avant que de penser au superflus, la prudence veut que l'on fonde chez soi le nécessaire.

PETIT ROMAIN ITALIQUE

C'est vous, Romains, qui me donnez les ordres plutôt que vous ne les recevez de moi; vous hâtez une bataille que j'avois résolu de différer. Je m'attends donc que vous vous y porterez comme Commandans, & comme en étant les maîtres, ne devant avoir à faire qu'à des gens que vous avez déja battus, & sur qui vous avez l'avantage du nombre & la vigueur de l'âge. Le plus modérément que vous puissiez en user, c'est de ne les pas mépriser; mais rien ne vous doit tant hausser le courage que la justice du parti que vous soutenez.

Nº XI.

PETIT ROMAIN ORDINAIRE.

SI ceux qui se marient vouloient au moins continuer d'être dissimulés après l'engagement, ils vivroient heureux ; mais l'on ne sçauroit toujours se masquer. Deux personnes s'aiment ordinairement beaucoup quand elles ne sont pas encore ensemble , & recommencent quelquefois à s'aimer quand elles n'y sont plus ; le tems du mariage est une espece d'intermede. Je ne suis pas à beaucoup près si étonné que les hommes se marient ; tout l'avantage est de leur côté ; quelque chose qu'il arrive , ils sont toujours les maîtres ; j'entends ceux qui sont hommes.

Les femmes rejettent sur la ruse dont les hommes se servent pour les tromper, ce qu'elles ne devroient attribuer qu'à leur propre foiblesse. C'est vaine gloire. Elles sçavent qu'il n'y a point de honte à être vaincu par un ennemi plus fort & plus artificieux. Elles trouvent mieux leur compte à nous faire passer pour ce que nous ne sommes pas , qu'à passer elles-mêmes pour ce qu'elles sont

Il faut qu'une femme ait une patience plus qu'humaine, pour souffrir la domination de certains Maris ; mais il faut qu'elle soit moins qu'une Automate lorsqu'après en avoir été heureusement affranchie, elle s'y rengage de nouveau.

Nº XII.

PETIT ROMAIN ŒIL MOYEN.

VOilà une partie des inconvéniens auxquels s'exposent ceux & celles qui se marient ; nous en passons bien d'autres sous silence. Voilà quelques esquisses entre mille portraits plus achevés que l'on pourroit faire sur ce sujet. Ce ne sont point des fables controuvées, des jeux d'imagination, des contes faits à plaisir , ce sont des Faits ; c'est ce qui arrive tous les jours, & sous les yeux de tout le monde. Mais il s'en trouve pourtant , me dira-t-on , parmi ceux qui se marient , qui rencontrent très-heureusement. Oui-dà ; entré cinquante Soldats qui montent à la brêche , il s'en trouve aussi quelquefois quatre ou cinq qui ont le bonheur de n'être pas estropiés ou tués. Sur ce pied-là , répondra-t-on , il ne faudroit donc pas se marier ; car tout le monde court le même risque. Mauvaise conséquence. Disons plutôt qu'il faudroit apporter plus de précautions que l'on n'en apporte ordinairement dans une affaire aussi sérieuse, d'où dépend tout le bonheur ou le malheur de la vie.

L'on ne doit se mettre ensemble, je crois, que pour faire réciproquement sa félicité ; quelle peut être la félicité de deux personnes qui se haïssent , parce qu'elles reconnoissent qu'elles se sont trompées ?

AUTRE PETIT ROMAIN ŒIL MOYEN.

PEndant que César se signale dans les Gaules par d'importantes victoires, s'enrichissant en même temps du butin d'une nation opulente, & que Pompée, qui exerçoit dans Rome un Consulat sans collegue, & une maniere de Dictature, rétablit l'ordre & l'autorité des loix, que les factions & les violences de Clodius sembloient avoir abolies : Crassus qui se flatoit de l'espérance d'effacer l'un & l'autre de ses amis par les grandes choses qu'il alloit faire contre les Parthes, hâtoit autant qu'il pouvoit son départ pour cette expédition ; mais il étoit furieusement traversé par un Tribun du Peuple, qui lui opposoit la justice & la religion visiblement blessées, comme il faisoit voir par la guerre que Crassus vouloit entreprendre. A la fin passant par dessus toutes ces difficultés, par le mépris qu'il en fit, il fut obligé néanmoins de différer encore quelque temps de se mettre en chemin pour le Levant. Ce temps-là fut donné à une conférence qu'il eut avec ses amis, sur les confins de l'Italie & des Gaules. Parmi quelques articles, qui furent arrétés dans cette conférence, César fit convenir les deux autres, qu'après ses cinq années dans les Gaules, il en auroit encore cinq à tenir ce Gouvernement. Le soupçon qu'il prit de la mauvaise foi de Pompée, dans l'exécution de cet article, fut le véritable sujet qui l'obligea de se brouiller avec lui. Je ne dis pas, comme ont fait presque tous les Historiens qui m'ont précédé, que la mort de Julie ait mis les premieres dispositions à la rupture entre le beau-pere & le gendre ; voyant que parmi les Grands les plus étroites liaisons de parenté & d'alliance n'ont jamais empêché l'ambition de les désunir, & de les mettre mal ensemble. Il étoit déjà venu à César d'autres sujets de mécontentement du côté de Pompée, mais il les avoit dissimulés ; il ne fit paroître aucun ressentiment sur le sujet des Réglemens & des Ordonnances que Pompée avoit faits contre les Magistrats qui se trouveroient avoir abusé de leur autorité dans la fonction de leurs charges.

ITALIQUE.

Lorsque nous attendons un service important de quelqu'un, la prudence veut que nous dissimulions adroitement ses impertinences & ses brusqueries. Soyons assidus auprès de lui, & ne nous rebutons pas d'une lenteur, qu'il n'affecte quelquefois que pour nous éprouver. Cette assiduité doit être fondée sur trois raisons ; la premiere, afin de mieux marquer notre zele ; l'autre, pour empêcher que nos ennemis ne profitent de notre absence ; la derniere, afin d'être toujours à portée de saisir les occasions favorables qui se présentent.

C

PETIT ROMAIN GROS ŒIL.

JE contemple ce vafte Univers; j'y vois régner un Ordre invariable, une Harmonie conftante. Tout y brille d'une Beauté majeftueufe : tout y dévoile une magnificence fans bornes. Le plus petit infecte déploye à l'œil étonné les Tréfors d'une Intelligence Suprême, qui, par des moyens auffi fimples que fûrs, conduit tout aux fins qu'elle s'eft propofée.

En vain le Philofophe impie voudroit me perfuader que tant de merveilles ne font que l'effet du Hazard; les Syftêmes hardis de fon imagination téméraire ne peuvent me fouftraire à la connoiffance d'un Dieu Créateur, dont la Sageffe éclate dans tous les Ouvrages de fes mains.

Or, cette Sageffe me découvre une vérité inconteftable, que l'Auteur de la Nature n'a rien pû créer que pour lui. Un Être auffi parfait pouvoit-il agir pour une fin qui ne fût pas digne de ce qu'il eft ? Et quelle fin plus digne d'un Dieu, que lui-même ? Dieu eft donc la fin derniere de tout : nous ne pouvons donc lui refufer le rapport de toutes nos actions, fans la plus grande injuftice : il n'y a donc rien qui ne doive fe porter vers lui, comme vers fon Centre. Et en effet, ces Vaftes Corps qui roulent au-deffus de nos têtes, & dont nous admirons l'Éclat, l'Équilibre, & les Mouvements fi réguliers; les Éléments fi féconds en prodiges, les Pluies, les Neiges, les Grêles, les Tonnerres; tout a reçu de la main du Créateur une force, une action puiffante pour la Manifeftation de fa gloire. Les Arbres & les Plantes, les Métaux & les Animaux publient à leur maniere fes Grandeurs & fa Bonté, annoncent qu'ils n'ont été tirés du Néant que pour révéler à des Créatures plus heureufes, l'infinité de fes perfections.

PETIT ROMAIN ITALIQUE GROS ŒIL.

TOute la Nature confpire fans ceffe au maintien de l'Ordre, que Dieu y a premierement établi : tout fuit des Loix vraies, juftes, immuables. Or, Dieu n'eft qu'Ordre, Vérité, Juftice, Immutabilité : ainfi tout dans l'Univers eft emporté néceffairement vers fon Auteur. Si cette Vérité ne fouffre aucun doute à l'égard de la Nature corporelle; fi des êtres inanimés ou vivans, mais auxquels une intelligence réflechie a été refufée, n'ont pû fortir des mains de Dieu, fans une impulfion invincible vers lui-même : que dirons-nous de l'Homme, que le Créateur a formé à fon image, & à qui il n'a donné un Cœur & un Efprit, que pour le connoître & l'aimer.

N° XV.

PETIT ROMAIN PORTANT SON BLANC.

IL n'eft point facile de donner des idées claires & précifes fur l'Origine & les Progrès de l'*Imprimerie*. Tant d'Auteurs ont écrit fur cette
matiere, & les fentimens font fi partagés, qu'après avoir lu avec beaucoup d'attention, les Ouvrages des uns & des autres, on ne fçait quel
parti prendre. L'invention de l'*Imprimerie* en caracteres de fonte
mobiles, ne paroît devoir être conteftée à Mayence; mais eft-ce à
cette Ville, ou à Harlem, ou à Strasbourg qu'il faut attribuer & les
planches de bois, & les caracteres fculptés en métail, s'il y en a jamais
eu? C'eft, encore une fois, ce qu'il eft très-difficile de réfoudre.

Dans cette pofition, j'ai cru que ce que j'avois de mieux à faire,
étoit de m'arrêter au dernier Ouvrage compofé fur cette matière; je
veux dire aux *Origines Typographicæ* de M. Méerman, Sçavant fi
diftingué par fes lumieres & les recherches qu'il a faites fur l'Origine
de l'*Imprimerie*. Mais M. Méerman Hollandois, eft comme de droit,
favorable à Harlem, & fon Ouvrage remplit deux Volumes qu'il
s'agiffoit d'analyfer, d'abréger & de préfenter fous une forme ana-
logue à la nature de mon livre : or où trouver une analyfe, un abrégé
mieux fait que dans le Journal des Savans? Je me fuis donc déterminé
à donner l'extrait des Origines typographicæ préfenté par les auteurs
de ce Journal, & je crois par ce moyen avoir contenté les lecteurs.

ITALIQUE DE MÊME.

*L'Art Typographique, pour arriver à fa perfection, a paffé par
trois degrés différens. Les Lettres mobiles & fculptées en bois dans
les commencemens, furent fujettes à plufieurs inconvéniens, auxquels
on eut bien de la peine à remédier. Leur matière, trop fragile pour
réfifter à l'action de la Preffe, étoit d'ailleurs fufceptible de toutes
les impreffions de l'air. Quelques caractères étoient trop déliés pour
pouvoir être gravés féparément, il fallut en réunir plufieurs fur le
même morceau de bois. Des Types néceffairement inégaux, quoique
ferrés avec des vis dans des chaffis de fer, fe dérangeoient aifément.
On s'avifa de les percer par le haut, & de les enfiler dans la compofition. Mais il devoit arriver fouvent que le fil rompît; & dailleurs
pour corriger il falloit defferrer la forme, retirer la ligne où fe trou-
voit la faute, défenfiler les lettres, & les renfiler, au rifque de com-
mettre d'autres fautes, opération longue & difficile.*

PETIT ROMAIN SERRÉ.

LE cœur de l'homme ne veut dépendre que de lui-même; l'on ne peut le contraindre dans ses affections. C'est assez qu'il y ait une loi qui commande d'aimer pour qu'il haïsse. Si l'on vouloit faire d'heureux mariages, il faudroit commander aux Epoux de se haïr à la mort, ils s'aimeroient à la fureur. La loi qui soumet la femme au mari, ne seroit-elle pas la même que celle qui assujettit le foible au fort : Les hommes ont toute l'autorité dans le mariage; nous l'avons déja dit; mais ils ont aussi tout le deshonneur; voilà ce que nous n'avons pas dit. Il y a cependant des femmes qui s'élancent de la sphére commune, & qui commandant au lieu d'obéir, deviennent par leur fermeté ce que leurs maris n'ont pas le courage d'être; elles jouissent des priviléges que donne la loi du plus fort. Il faut qu'un homme n'ait qu'une certaine portée d'esprit, pour être propre au mariage; il y a tant de petitesse, tant de bisarrerie, tant d'ignorance, tant de bassesse dans la plupart des femmes, que l'idée seule de rester avec elles toute la vie, devroit en dégouter les génies supérieurs.

Une sagesse humaine avoit établi le divorce chez les Romains, afin de prévenir les inconvéniens qui naissent de la mauvaise humeur des femmes, & par là rende ce sexe naturellement altier, plus souple & plus complaisant. Je ne vois pas en quoi consistoit cet avantage, puisque les femmes avoient également la liberté de quitter un mari dont elles n'étoient point satisfaites. Témoin cette Dame Romaine dont parle Juvenal, qui en avoit changé huit fois en cinq ans.

PETIT ROMAIN ITALIQUE.

La loi Mahométane a établi dans le mariage deux choses également opposées à ce qui fait l'essence du nôtre. L'une en permettant le divorce, l'autre en ordonnant la pluralité des femmes. Il faut ou que les Turcs soient plus moderés & plus patiens que nous, ou que leurs femmes soient plus dociles que les nôtres. Si nous ne pouvons vivre en union avec une seule femme; que seroit-ce si la multiplicité nous en étoit permise? Si les plus riches d'entre nous ne peuvent quelquefois fournir au luxe & à la dépense d'une seule femme; que seroit-ce s'ils en avoient des troupeaux? Il faudroit donc nécessairement leur retrancher la magnificence des habits, & mille autres superfluités dont elles sont en possession depuis si long-temps, que la prescription leur en a acquis le droit incontestable. Un tel projet peut-il, je ne dis pas s'exécuter, mais seulement se proposer? Il n'y a qu'à comparer la maniere dont vivent nos femmes, avec celles dont les Turcs gouvernent les leurs.

PHILOSOPHIE ROMAINE.

ON perd sa fortune par ses enfans, lorsque l'on souffre que leur ambitieuse prodigalité dissipe ce qu'une sage économie avoit amassé ; comme Pandolphe qui vit en petit Bourgeois, pour donner le moyen à son fils d'entretenir un équipage, une Maitresse, de jouer gros jeu, & d'avoir toujours les premieres Loges à l'Opéra & à la Comédie. Enfin, une femme nous abîme & nous ruine sans ressource, lorsque nous fomentons son orgueil, en fournissant à son luxe & à sa vanité ; comme Nicostrate, que l'on prend pour le Laquais de sa femme, lorsqu'il ose paroître avec elle ; qui n'est jamais vêtu que de gros drap, pour lui procurer le plaisir innocent de porter de riches étoffes & des pierreries ; d'avoir bonne table, de jouer, d'aller aux Spectacles, & d'entretenir un Avanturier qui a meilleure mine que lui, qui est mieux vêtu, & dont elle fait son Chevalier d'honneur. Cette sottise est sur-tout familiere aux petits Bourgeois & aux Artisans.

Les uns & les autres se ruinent, s'habillent mal, vivent de peu, pour donner à leurs femmes des robes, & des parures plus brillantes que n'en portoient les Reines au commencement du siécle passé. S'ils croyent par-là s'en faire aimer, je les avertis qu'ils sont bien loin du compte. &c.

PHILOSOPHIE ITALIQUE.

Tout le monde convient, répondra-t-on, que l'amour débauché conduit à de grandes extrémités ; mais un amour sage & raisonnable, une inclination réglée n'expose pour l'ordinaire à aucun inconvénient. Quel est-il cet amour raisonnable ? Est-ce celui qui se propose un but légitime ? Je n'en connois point d'autre. Quoi de plus légitime que le mariage ! Que l'on ne s'y trompe pas, combien y en a-t-il, qui, conduits par cet amour raisonnable, ont fait autoriser par les Loix de l'Eglise & de l'Etat, la plus grande sottise qu'ils ayent faite en leur vie ? Le mariage n'est la plûpart du tems, qu'un pretexte spécieux, un voile honnête dont on prétend couvrir sa honte, & un désordre, quoiqu'autorisé par l'Eglise & l'Etat ; mais ni l'un ni l'auttre ne garantissent des suites toujours fâcheuses.

N.° XVIII.

PHILOSOPHIE GROS ŒIL.

LA ſageſſe humaine ſembleroit demander que ceux qui ſont
ſpirituels & capables, euſſent des occupations proportionnées à
leurs talens, pendant que ceux qui n'ont aucune ouverture pour
les grandes choſes, ſeroient employés à pourvoir à la ſubſiſtance
de ceux qui les gouverneroient. Mais une ſageſſe plus étendue
que la philoſophie humaine ordonne tout le contraire : elle met
quelquefois l'homme d'eſprit à la cuiſine, & le cuiſinier au ca-
binet ; pour de bonnes raiſons ſans doute, qui ne nous ſeront
connues que quand elle voudra bien nous en faire confidence.

Rien ne paroiſſoit plus petit, plus étroit, plus borné, moins
capable enfin de former & d'exécuter une grande entrepriſe que
le génie de Procule, avant qu'il fût en place. Rien n'eſt plus
grand, plus étendu, plus propre à tracer le plan d'un projet
hardi, & à l'exécuter heureuſement que ce même homme depuis
ſon élévation : tout lui paroiſſoit aiſé & facile à entreprendre.

N.° XIX.

PHILOSOPHIE APPROCHÉE.

QUoiqu'il y ait pluſieurs Etats bien policés, qui permettent
aux hommes la multiplicité des femmes, il n'y en a jamais eu qui
aient accordé aux femmes la pluralité des maris ; & l'on ne peut
rien imaginer de plus impertinent, de plus inſolent que cette com-
munauté de biens, de femmes & d'enfans que Platon avoit établie
dans ſa République imaginaire. Quand tous les hommes ſeroient
autant de Platons, je ne ſais ſi elle pourroit ſubſiſter. La ſource
de la plûpart des diviſions qui troublent les mariages, vient de ce
qu'une femme eſt impérieuſe, emportée, joueuſe, aimant la magnificence des habits, prodigue, avare, prude ou peu curieuſe de ſon
honneur ; ſouvent auſſi de ce qu'un mari eſt jaloux mal à propos,
yvrogne, brutal, chicaneur, &c. Si l'on examine toutes les guerres
inteſtines qui diviſent les familles, on trouvera qu'elles ſont occa-
ſionnées par l'un de ces méchans caractéres. Il eſt difficile de ne
pas tomber dans l'un de ces facheux inconvéniens.

CICÉRO PETIT ŒIL.

LA nature fait ordinairement jouer des reſſorts ſecrets, qui nous pouſſent & nous inclinent toujours vers la profeſſion qui nous eſt la plus convenable ; cela eſt vrai dans le général, le contraire arrive quelquefois dans le particulier. Geronte a deux fils. Il a ſouhaité que l'un fût d'Égliſe & l'autre d'Épée ; conformément aux deſirs de leur pere, ils ont embraſſé l'un & l'autre deux profeſſions ſi contraires avec une parfaite ſoumiſſion : cependant ils paroiſſent traveſtis dans leur état. Le Militaire a la douceur, la modeſtie & la modération de l'Eccléſiaſtique, & celui-ci a les manières libres, la fierté & l'audace guerriere de l'homme d'Epée ; enſorte qu'ils font un contraſte tout-à-fait ridicule.

Rabelais, qui eſt ſi original dans ſes comparaiſons, dit que la fortune eſt un arbre qui produit toutes ſortes de lames & d'uſtenſiles ; & que l'eſpace de terre qui l'environne, pouſſe des manches de toute façon. Lorſque les fruits de l'arbre ſont en maturité, ils tombent ; & il arrive aſſez biſarrement que la lame d'une épée rencontre le manche d'une étrille, & que celle-ci s'enfile d'elle-même dans la garde d'une épée. Ne voudroit-il pas dire par-là qu'il y en a beaucoup qui ſont Palfreniers qui mériteroient d'être grands Seigneurs, & qu'il y en a pluſieurs parmi ceux-ci, qui ſeroient plus propres à manier l'étrille que l'épée ?

ITALIQUE.

Lorſque nous attendons un ſervice important de quelqu'un, la prudence veut que nous diſſimulions adroitement ſes impertinences & ſes bruſqueries. Soyons aſſidus auprès de lui, & ne nous rebutons pas d'une lenteur, qu'il n'affecte quelquefois que pour nous éprouver. Cette aſſiduité doit être fondée ſur trois raiſons. La premiere, afin de mieux marquer notre zéle ; l'autre, pour empêcher que nos ennemis ne profitent de notre abſence ; la derniére, afin d'être toujours à portée de ſaiſir les occaſions favorables qui ſe préſentent.

CICERO ROMAIN

ORDINAIRE.

GAgner la bienveillance de ceux qui peuvent être utiles, c'eſt le principal & preſque l'unique but que l'on ſe propoſe dans le Commerce du monde. Il n'y a qu'une conduite prudente, & une parfaite connoiſſance des eſprits qui puiſſent procurer cet avantage. A regarder les hommes en général, ils ſe reſſemblent à peu près ; dans le particulier, il y a preſqu'autant de caractéres différens, qu'il y a d'hommes. C'eſt cette diſſonance d'humeurs & d'inclinations qu'il faut s'appliquer à connoître en eux, afin de ſçavoir par où les prendre. L'eſprit peu ſage ſe fait ſouvent des ennemis de ſes meilleurs amis ; le prudent au contraire ſçait même ſe faire des amis de ſes plus grands ennemis. Tout le point conſiſte donc, ou à ſeconder la ſimpathie, ou à vaincre l'averſion qui ſe trouve, ſans que nous puiſſions dire pourquoi, entre nous & certaines perſonnes. C'eſt ce que nous devons ſur-tout obſerver à l'égard de ceux que nous voulons faire ſervir à notre avancement, tel qu'il ſoit. Chaque âge a un caractére particulier qui lui eſt propre. On remarque dans le même homme juſqu'à vingt ans, beaucoup de foibleſſe & d'indifférence ; juſqu'à quarante, beaucoup de pente aux plaiſirs ; juſqu'à ſoixante, un eſprit impérieux & déciſif ; & depuis ſoixante, il eſt preſque toujours avare & défiant. Comme le premier âge n'a que peu ou point de part au Commerce du monde, nous n'en dirons rien qu'au commencement.

CICERO ŒIL MOYEN.

UN des plus grands avantages que l'on puisse retirer de l'adversité, c'est qu'elle nous fait connoître que nous ne sommes rien ; & que nous avions grand tort de croire que ceux en qui nous mettions notre confiance, fussent quelque chose. Comme l'intérêt est le motif ordinaire qui fait agir les hommes, ils se montrent aussi froids, lorsque la fortune tourne le dos, qu'ils se montrent ardens, lorsqu'elle rit. Tels ont été, tels seront toujours les hommes. Brutus appelle aujourd'hui César son pere, & demain il se met à la tête de soixante Meurtriers pour le poignarder. L'Homme ne fut jamais juste ; ou il blame avec excès, ou il loue sans raison ; il éleve jusqu'au Ciel des sujets indignes, & foule aux pieds ceux qui ont le plus de mérite ; par la même raison, que la fortune favorise les indignes, & qu'elle opprime les vertueux. C'est nous tromper nous-mêmes grossierement, que de nous imaginer que ceux qui rient avec nous dans la prospérité, voudront bien pleurer avec nous dans l'adversité. Ils se recherchoient en nous ; nous leur étions utiles ; nous sommes tombés, loin d'en témoigner leur douleur, ils ne songent qu'à plaire à ceux qui nous ont supplantés, & qui se sont élevés sur nos ruines. Tous les fronts se rident à l'aspect d'un homme qui vient d'être renversé ; on désavoue tout le bien que l'on en avoit dit, & l'on se fait une mauvaise honte de ne pas se joindre à ceux qui l'oppriment. Tandis qu'Epicatme a été le distributeur des graces & le canal par où elles passoient, on a pu le considérer comme une espece de Divinité dont l'Autel étoit sans cesse environné d'une foule d'adorateurs, qui, l'encensoir à la main, lui offroient les parfums les plus exquis.

AUTRE CICERO ŒIL MOYEN.

LE Pauvre en matiere d'offense ne fait souvent qu'un atôme d'une montagne ; le Riche au contraire fait presque toujours une montagne d'un atôme. Le Pauvre, après avoir reçu une offense, dissimule, & remercie même quelquefois : le Riche après une ample réparation n'est pas encore appaisé ; il mesure le devoir du Pauvre à l'idée que lui en forme son orgueil ; & comme cet orgueil est immense, il n'est pas étonnant qu'il punisse de la maniere plus injuste des fautes qui ne mériteroient pas l'attention d'un esprit sensé. Les Valets, les Parasites, les Sicophantes, les Flatteurs, les Flagorneurs qui obsedent les Puissans, ne contribuent pas peu à les rendre impatiens & prompts à s'enflâmer ; leur lâcheté va jusqu'à applaudir à leur inhumanité. C'est la justice & l'équité même, selon eux, qui engagent à sacrifier les foibles à leur aveugle ressentiment. Les Lions, les Ours, les Mâtins, font autant de petits Saints, dit *La Fontaine*, mais l'Ane, le malheureux Ane est criminel & punissable, parce qu'il est le plus foible.

Callistene n'a rien ; mais il jouit en repos de ce *Rien*. Il est mal habillé, mais il ne craint pas que des Rodeurs de nuit l'assomment pour lui arracher sa fortune ; il est mal logé, mais il n'appréhende point que les voleurs cherchent à s'introduire chez lui ; il a pourtant une porte & un volet ; mais c'est pour se garantir du froid & du chaud. Il mange dans de la vaisselle de terre, mais il n'a point peur que la fraude y ait caché le poison sous l'appas. Il couche durement, mais tranquillement, il ne craint pas qu'on l'égorge pendant son sommeil, il pourroit dormir dans la rue. Il a peu d'amis, il a encore moins d'ennemis.

Il y a certains Peuples qui se haïssent mortellement, & qui, sans aucune communication, négocient de la meilleure Loi du monde. L'un de ces Peuples charge son vaisseau &c.

CICERO GROS ŒIL.

CESAR, après avoir donné les ordres néceſſaires à la conſervation des poſtes les plus importans d'Italie, alla à Rome, que ſes ennemis lui avoient abandonnée, & où il n'étoit reſté qu'un peuple ſans défenſe & tout effrayé. Céſar n'eut donc, entrant dans cette Ville, qu'à travailler à en diſſiper la conſternation ; ce qu'il fit par un procédé doux & careſſant, propre à relever les courages abattus, & par des eſpérances qu'il donna de rétablir toutes choſes dans un meilleur état qu'on ne les avoit vues depuis long-temps ; il mit chacun dans la joie, juſqu'à ſes propres ennemis.

Parmi beaucoup de marques éclatantes qu'il donna pour lors de ſa modération, il fut forcé à une action de violence. Ce fut le Tribun Metellus qui l'y obligea, par le refus qu'il lui fit d'ouvrir la chambre du tréſor, alléguant pour raiſon les ſermens faits par les anciens Romains, de n'employer l'argent qui ſeroit mis dans cette chambre, qu'aux guerres contre les Gaulois. Céſar, ſans s'arrêter à ce ſcrupule, fit briſer les portes, & répondit au Tribun, « Que ſes victoires avoient mis les Gaulois » dans un état à ne jamais donner d'alarme à Rome ».

ITALIQUE.

Curion reprenant le chemin de ſon gouvernement, voulut faire deſcente ſur la rade, où étoient les tombeaux des Scipions, pere & oncle d'Annibal. Les Africains qui ſe douterent qu'entêté du petit avantage qu'il venoit de remporter ſur eux, il pourroit bien être tenté de cette vaine curioſité de voir ces monumens, ne firent rien pour l'en détourner. Il prit donc terre en ce lieu, où après quelque ſéjour, ſon armée fut ſaiſie d'une étrange maladie.

CICERO APPROCHÉ,

LE méchant Juge affecte de fe montrer févére à l'excès, afin d'imprimer par-là plus de terreur, & d'amener plus aifément à la compofition, qui eft le but de fa rigueur politique, ceux qu'il refufe d'écouter. La févérité outrée dans le Magiftrat, marque qu'il eft fufceptible de corruption, parce que toute rigueur exceffive tient de la cruauté, vient de foibleffe & de lâcheté, & que tout lâche fe laiffe facilement corrompre. L'homme de Cour eft civil, honnête, doux, affable, infinuant, poli, avide de gloire, d'honneur, fpirituel, fubtil, adroit, & quelquefois rufé & fourbe. Il affecte ordinairement un extérieur propre & magnifique, parce qu'il fçait que les dehors impofent beaucoup dans un pays où le plus fouvent l'on ne s'attache qu'à l'écorce. Il peut être intérieurement avare; il diffimule adroitement les injures, & fait taire fon reffentiment quand il ne peut fe venger à coup fûr. Argante, né généreux & bienfaifant, eft devenu dur & avare par contagion depuis qu'il a été initié aux myfteres de la finance. On prend le génie de ceux avec qui l'on a habitude de vivre. Le Financier eft pour l'ordinaire un homme impitoyable, infenfible au mérite, ingénieux à tirer parti de tout. L'argent eft comme la force mouvante & l'ame qui le fait agir; bas & rampant dans l'adverfité, d'une fierté infupportable dans l'opulence. Il peut avoir de la bonne foi, quand elle ne porte point de préjudice à fes intérêts. Un bon Négociant doit être fans fierté, d'un abord facile, plein de bonne foi, de patience & de modération; bon, économe, d'un cœur ouvert, & moins ambitieux qu'intéreffé.

CICERO ROMAIN GOUT D'HOLLANDE.

LA haine des perſonnes en faveur a de dangereuſes ſuites ; leur vengeance eſt terrible , & leur rupture ſans réconciliation. Ils ſe fient encore moins à ceux qu'ils ont offenſés , qu'à ceux dont ils ont recu quelque injure. Si ces perſonnes en viennent à quelque ſorte de raccommodement , ce n'eſt que pour tendre un piege adroit à leur ennemi crédule , & pour trouver plus aiſément l'occaſion de le ſupplanter ; & c'eſt en quoi conſiſte une partie de cette vertu ſinguliere que l'on appelle la politique. Les emplois donnent encore des caractéres particuliers à ceux qui en ſont revêtus. Autre eſt , par exemple , le caractere d'un Eccléſiaſtique vertueux , & celui d'un vicieux. L'homme d'Egliſe vertueux eſt modeſte , humble , charitable , doux , humain ; le vicieux eſt ordinairement hypocrite , & qui dit hypocrite , dit le plus méchant & le plus dangereux de tous les hommes. Clitandre , ou l'homme d'épée , ſe conduit par des principes d'honneur ; il eſt ouvert , franc , libéral , fidele , amateur de la gloire , ennemi de toutes baſſeſſes , prompt à s'enflammer , facile à ſe réconcilier , ami généreux , ennemi ſans fourberie. Thraſon , au contraire , qui dans cette profeſſion prend la route du vice , eſt envieux , brutal , vain , fourbe , querelleur , impitoyable ; avec cela , timide , lâche avec ceux qui ont de la bravoure & de l'honneur. Ariſte dans la Magiſtrature eſt donc ſans foibleſſe , pitoyable ſans lâcheté , déſintéreſſé , droit , inébranlable dans ſon devoir , impénétrable aux atteintes de l'or , inſenſible à l'amorce des plaiſirs , plein de bonne foi , de candeur , de probité , effectif dans ſes paroles , toujours en garde contre la prévention qui eſt le poiſon du jugement , écoutant avec une égale patience.

Monſieur , le commencement de votre derniere Lettre m'a extremement affligé ; mais le milieu & la fin m'ont fait paſſer de la triſteſſe à une joie qui m'a penſé faire mourir.

F

SAINT AGUSTIN PETIT ŒIL.

LES traverfes nous rendent plus tempérés, plus prudens, plus avifés, plus dociles, plus humains, plus compatiffans aux peines des autres hommes.

Quelle différence doit-on mettre entre un vieux Soldat qui s'eft mille fois couvert de pouffiere, de fang, de feu, & un Soldat de milice qui quitte fon village en pleurant?... La même qui fe trouve entre la capacité d'un Pilote, qui a été battu de grandes tempêtes, & un autre Pilote qui a toujours eu le vent en poupe.

La Providence n'a pas voulu que la profpérité accompagnât toujours la vertu; mais elle l'a expofée au contraire à mille dangers; parce qu'autrement on ne l'eût pas aimée pour elle-même, mais pour l'utilité que l'on en auroit retirée. Ce n'eft pas que tous ceux qui fouffrent ayent de la vertu, & que tous ceux que l'on voit dans la profpérité n'en ayent point. Le vertueux & le vicieux peuvent être également dans la peine; avec cette différence, que celui-ci fe l'attire prefque toujours, au lieu que l'envie la fufcite à l'autre.

ITALIQUE.

Quoique la Fortune ne foit pas la compagne inféparable de la vertu, elle n'eft cependant pas incompatible avec elle; au contraire, comme dit le Prince des Poëtes François: Je fçais quel eft le prix d'une honnête abondance que fuit la joie & l'innocence; & qu'un Philofophe étayé d'un peu de richeffe & d'aifance dans le chemin defapience, marche plus ferme demoitié.

SAINT AUGUSTIN ROMAIN.

La circonspection dans les paroles, eſt extrêmement néceſſaire, en ce qui regarde ceux que l'autorité éleve au-deſſus de nous. C'eſt dans l'Épée principalement que l'on doit obſerver préciſément & à la lettre, la regle monacale : *Semper benedicere de Domino noſtro.* Car il ne faut qu'un mot échappé indiſcrétement, pour renverſer la fortune la mieux diſpoſée. Nous n'avons que trop d'exemples de la vérité de cette maxime. Un homme d'Épée ne doit point négliger les exercices propres à lui rendre le corps agile, ſouple, adroit, comme la Salle & le Manege. Ces exercices ſont le noviciat du Militaire. Il doit après cela s'appliquer à acquérir la connoiſſance de quatre choſes préliminaires, qui dans la ſuite aideront beaucoup à ſon avancement ; la Géographie, l'Hiſtoire, les Mathématiques dont les Fortifications ſont la partie principale, & les Langues voiſines, ſur-tout l'Allemagne. La Géographie eſt la bouſſole de l'Hiſtoire, & l'on ne ſçauroit prendre aucun goût à l'une, ſi l'on n'a aucune connoiſſance de l'autre. La meilleure méthode pour bien apprendre la Géographie eſt de commencer par l'Hydrographie.

Il eſt certain que dans l'Hiſtoire, un homme d'Epée peut prendre les ſentimens propres à ſoutenir ſon caractère avec honneur. Il y trouvera des modèles par les grands hommes, dont elle a immortaliſé le nom & les actions. C'eſt là que nourriſſant ſon &c

SAINT-AUGUSTIN ŒIL MOYEN.

MARCUS Curius Dentatus, après plufieurs Victoires qu'il avoit remportées, dit dans une harangue qu'il prononça publiquement : J'ai tant conquis de pays, qu'ils devroient être autant de déferts, fi je n'avois pas affez vaincu d'hommes pour les peupler. J'ai tant pris d'hommes, qu'ils feroient tous contraints de mourir de faim, fi je n'avois pas affez gagné de terres pour les nourrir.

Un Capitaine Efpagnol s'étant mis en campagne, & voyant que fes Soldats étoient intimidés par le grand nombre de leurs ennemis, il leur dit pour les raffurer : courage, mes amis, n'ayez point de peur, car fi le ciel tomboit, je me fais fort de le foutenir de mon bras. Un autre avoit coutume de dire, quand il fe voyoit dans un miroir étant armé : qu'il avoit peur de lui-même.

I T A L I Q U E.

Les hommes ont moins d'amitié que d'amour pour les femmes : ils recherchent leur contentement avec elles, après quoi ils reviennent avec leurs amis, n'ayant pas trouvé dans celles-ci toute la folidité qu'ils rencontrent dans ceux-là, conduite que les femmes ne pourroient tenir avec le même fondement : elles fe trouvent toujours mieux au contraire avec les hommes, tant pour l'agréable que pour l'utile.

S. AUGUSTIN PORTANT SON BLANC.

TOut vrai philofophe eft convaincu qu'il n'arrive rien que par les décrets de la Providence qui, par les voies que bon lui femble, conduit les hommes au but qu'elle s'eft propofée. Or qu'y a-t-il de plus raifonnable & de plus conforme à la fageffe, que de fouffrir de bon gré ce qu'on ne peut éviter de fouffrir ? Si l'on gagnoit du moins quelque chofe à fe plaindre, à murmurer, à s'emporter, il y auroit de l'excufe; mais par-là l'on ne fait fouvent que hâter fa ruine. Il ne faut cependant pas que cette patience empêche un homme de chercher les moyens de fe délivrer du malheur qui l'accable; n'en déplaife au plus fage des anciens philofophes, qui refufa de fe fauver de la prifon où fes ennemis l'avoient fait renfermer ; ce n'eft point agir en homme fenfé que de vouloir périr quand on peut fe fauver.

ITALIQUE.

Lorfque les honneurs, les dignités, les richeffes, les plaifirs font évanouis, ils font à l'égard de celui qui les poffédoit, comme s'ils n'euffent jamais exifté pour lui ; ainfi celui qui meurt pauvre, a fait un fonge fâcheux ; celui qui meurt dans l'opulence, en a fait un beau ; ils font alors auffi avancés l'un que l'autre.

S. AUGUSTIN GROS ŒIL.

UN homme fage ne doit s'appuyer que fur foi-même; c'eft-à-dire fur fa propre vertu ; fans jamais faire aucun fond fur des amis ou infide-les, où qui peuvent le devenir. Celui qui n'agit qu'avec de droites intentions, ne craint ni les menées des envieux, ni la fraude de fes faux amis. Si les méchans l'opriment, & qu'ils foient ou trop puiffans, ou en trop grand nombre, pour qu'il puiffe parer leurs coups, il s'enve-loppe dans fa propre innocence, & périt géné-reufement.

L'on ne peut donc connoître un homme: il ne peut fe connoître lui-même, qu'il n'ait été éprou-vé par l'adverfité. Quelque beau que paroiffe un vafe à l'extérieur, quelqu'entier qu'il fe montre à notre vue, l'on ne peut quelquefois favoir s'il eft félé qu'en le frappant : de même l'on ne peut être convaincu de la baffeffe d'ame ou de la force d'efprit d'un homme que par la maniere dont il fupporte les adverfités.

ITALIQUE.

Ceux qui ne font point dans l'affliction, doivent agir comme s'ils l'attendoient. La fortune fe plaît à tromper ceux qui ont trop de confiance. Un de fes plaifirs eft de les furprendre quand ils dorment, & de les voir étonnés à leur réveil d'avoir été fi long-tems abufés par un menfonge habillé de toutes les couleurs de la vérité.

GROS TEXTE ROMAIN.

COmme donc la fortune se plaît à tromper, trompons-la elle-même, en ne faisant aucun fond sur ses caresses. La fortune est une femme coquette & perfide, qui se fait un plaisir cruel de trahir ceux qui croient avoir fixé son inconstance ; c'est une beauté altiere, insolente & capricieuse, qui méprise ceux qui l'idolâtrent par de lâches soumissions, qui obéit avec une crainte servile avec ceux qui la traitent avec hauteur. Il y a fort peu d'hommes qui ne ressentent quelqu'affliction, ou qui puissent s'en dire exempts, au moins pour l'avenir. L'on remarque certains personnages, qui semblent n'être exposés aux attaques, que pour acquérir une nouvelle gloire par les avantages qu'ils en reçoivent ; & d'autres que toute leur industrie, &c.

ITALIQUE.

Un jeune homme qui entre dans les Troupes, & qui voudra s'avancer, ne fera pas un pas sans ouvrir les yeux pour s'instruire. Il étudiera soigneusement, non pas pour les critiquer, comme il est assez ordinaire, mais pour en faire son profit, les démarches des Chefs ; il en pénétrera, s'il se peut, les raisons ; il réfléchira sur les avantages & les inconvéniens qui en arrivent.

GROS ROMAIN

PETIT ŒIL.

LA haine des perfonnes en faveur, a de dangereufes fuites : leur vengeance eft terrible, & leur rupture fans réconciliation. Ils fe fient encore moins à ceux qu'ils ont offenfés, qu'à ceux dont ils ont reçu quelque injure. Si ces perfonnes en viennent à quelque forte de racommodement, ce n'eft que pour tendre un piége adroit à leur ennemi crédule, & pour trouver plus aifément l'occafion de le fupplanter : & c'eft en quoi confifte une partie de cette vertu finguliere que l'on appelle la politique. Les emplois donnent encore des caracteres particuliers à ceux qui en font revêtus. Autre eft, par exemple, le caractere d'un Eccléfiaftique vertueux, & celui d'un vicieux.

A B C D E F G H I J K L M N O P Q R
S T U V X Y Z Æ Ç É È Ê W Œ.

GROS ROMAIN

ORDINAIRE.

L'Affabilité qui conftitue l'effence de la civilité, eft un accueil humain, avec lequel nous recevons avec prudence & diftinction ceux qui nous abordent : il n'y a point d'hommes plus ridicules & plus impertinens que ceux qui proftituent leurs civilités au premier faquin qui fe préfente. Philinte rencontre un Domeftique dans l'anti-chambre, il l'accable de tant de complimens & d'honnétetés, que ce qu'il dit enfuite au Maître, n'eft prefque qu'une répétition de ce qu'il a dit au Valet. Il parle à la Bourgeoife comme à la Dame de qualité, & diftile fon eau-rofe à tout venant.... Dans toutes les vertus, les extrémités font vicieufes : du manque d'affabilité, naît une rufticité farouche : de fon excès, une profufion inconfidérée de plufieurs foumiffions. &c.

A B C D E F G H I J K L M N O P Q R S
T U V X Y Z É È Ê Ç Æ Œ W.

GROS ROMAIN
ORDINAIRE.

L'Athlète qui confie l'éclat de la
[...] un conseil humain, avec lequel
[...] la prudence & l'attention
[...] vous abordant : Il n'y a point
[...] les plus délicates & plus import[antes]
[...] qui soit profitant sans vérités au-
[...] qui le publie. L'Athlète
[...] l'ordinaire dira ainsi clair-
[...] faillible de tant de complimens &
[...]ostés, que ce qu'il dit entre au-
[...] n'est presque qu'une répétition de
[...] comme à la Dame de qualité, [...]
[...] où il sort venant... D[...]
[...] les vertus, les exemples font vivi-
[...]
[...] de plusieurs humiliations &c.

ABCDEFGHIJKLMNOPQRS
TUVXYZ [...]

GROS ROMAIN MOYEN.

LA mauvaiſe fortune fait connoître la rareté des amis. Un homme en faveur, qui croyoit compter au beſoin ſur un peuple d'amis, pria ſon Maître de faire ſemblant de le diſgracier pour un peu de tems, afin qu'il pût s'aſſurer ſi trop de confiance ne l'abuſoit point. Qu'arriva-t'il ? Ceux qu'il croyoit ſes meilleurs amis ſe montrerent ſes plus ardens perſécuteurs ; & ceux dont il s'imaginoit devoir être opprimé, parurent au contraire ſes meilleurs amis. Ce qui prouve que l'on ne doit pas trop ſe fier à ceux qui paroiſſent nous aimer, ni trop s'élever contre ceux qui ſemblent nous haïr. La bonne fortune fait les flatteurs, l'adverſité les découvre. Il n'y a rien qui puiſſe nous mieux réconcilier avec de certaines gens, qui ne nous évitent quand nous ſommes en place, que parce qu'ils s'imaginent que nous les dédaignons, qu'un peu d'adverſité. Un homme en place ne doit compter pour amis, que ceux qui , &c.

ABCDEFGHIJKLMOOPQ
RSTVUXYZÆŒÇÉÈÊW

AUTRE GROS ROMAIN.

UNe des parties principales de l'affabilité, eſt d'écouter avec bonté ceux qui ont beſoin de nous, & de leur répondre avec douceur. Comme l'harmonie réſulte de l'union judicieuſe du ton grave & du ton aigu, de même il faut dans l'accueil un mêlange diſcret de douceur & de fierté pour ne point choquer nos égaux, & ne pas nous avilir auprès de nos inférieurs. Le compliment fait partie de l'affabilité. Dans la bouche d'un fourbe, le compliment eſt un piege couvert de fleurs, tendu aux perſonnes crédules, ou qui s'aiment trop. Dans la bouche d'un homme ſincere, c'eſt une expreſſion ſuccinte de l'eſtime & de l'affabilité. &c.

A B C D E F G H I J K L M N O P Q R S T U V X Y Z É È Ê Ç Æ Œ W.

Du manque d'affabilité, naît une ruſticité farouche : de ſon excès, une profuſion inconſidérée de pluſieurs ſoumiſſions mal placées, ſouvent importunes, toujours baſſes &c

GROS ROMAIN GROS ŒIL.

LEs grandes qualités de Dorante n'é-
toient connues que de peu de perſonnes,
encore y remarquoit-on une certaine
ambiguité, qui donnoit de l'incertitude
même aux connoiſſeurs ; de ſorte qu'ils
n'auroient oſé décider ſi Dorante étoit
moins vicieux que vertueux, & s'il n'avoit
pas plutôt les apparences de la vertu que
la vertu même : c'étoit, ſelon eux, un
homme problématique. L'adverſité a de-
cidé : elle a déchiré le voile qui envelop-
poit ſes vertus ; elle a diſſipé le faux jour
qui les obſcurciſſoit ; & en les expoſant aux
yeux de tout le monde, elle a fait voir,
dans la perſonne de Dorante, un homme
plus élevé dans l'abbaiſſement, qu'il ne
l'avoit été dans l'élévation même. Dorante
étoit comme un diamant brute, qui ne
peut recevoir ſon éclat qu'en paſſant par
les mains de l'Ouvrier. Les traverſes nous
rendent plus tempérés, plus prudens,
plus aviſés, plus dociles, plus humains,
plus compatiſſans aux peines des autres.

GROS ROMAIN APPROCHÉ.

QUelle plus grande injuſtice ! quelle plus grande cruauté, que de traiter une fille comme une criminelle, en ne lui laiſſant pas au moins le choix de ſon ſupplice ! C'eſt ce qui arrive cependant tous les jours. Deux hommes également mauvais recherchoient Emilie. L'un lui étoit odieux : l'autre lui plaiſoit. Elle a été livrée à celui qu'elle haiſſoit, elle a langui quelque tems avec lui, & eſt morte enfin. Elle n'eût pas eu ſans doute un meilleur ſort avec celui qu'elle aimoit ; mais elle auroit eu du moins la conſolation de mourir à ſon goût. Elle ne l'aime pas, diſent les parens en parlant d'une fille qu'ils marient contre ſon gré , mais elle l'aimera. Quelle téméraire préſomption ! comme ſi l'on ne voyoit pas tous les jours ceux qui s'aiment en s'épouſant, ſe hair, &c.

GROS ROMAIN
portant fon blanc.

L'Abfence, l'éloignement, les voyages font des remedes prefqu'infaillibles. Comment s'abfenter, comment s'éloigner, dira-t-on, comment fe féparer d'un objet qui charme ? fi vous pouvez gagner huit jours, vous poufferez bien jufqu'à quinze, avec un peu d'effort; & de quinze jours, en redoublant l'effort, on peut bien aller jufqu'à un mois. celui qui peut fupporter volontairement l'abfence de fa Maîtreffe pendant un mois, peut certainement gagner fur lui de ne la plus revoir ; fur-tout s'il en a de juftes fujets de mécontentement.

L'Amour eft un enfant extrêmement délicat, à qui il faut peu de nourriture ; il ne fe repaît la plupart du tems que d'efpérance, de vent & de chimeres. Un aliment folide & réel l'étouffe & le tue entierement.

GROS ROMAIN

portant son blanc, dernier gravé.

LA sentence étoit prononcée contre les coupables, il n'y manquoit plus que l'exécution : mais avant que d'en venir là , Dieu voulut les couvrir tous deux plus décemment qu'ils n'avoient eu le loisir de le faire eux-mêmes : il leur fit donc des tuniques de peaux, apparemment de quelques Animaux qu'il avoit ordonné à Adam de tuer, & les en revêtit, comme pour les faire souvenir, à la vue de ces dépouilles d'animaux morts, qu'ils portoient sur leur corps, qu'ils n'avoient de ce côté-là qu'un sort pareil à attendre.

Dieu dit alors: Le voilà cet Adam, qui a prétendu devenir semblable à nous : le voilà qui connoît maintenant le bien & le mal : il ne lui reste plus que d'aspirer au don de l'immortalité.

GROS ROMAIN
ITALIQUE.

LEs. sciences, comme les armes, ont leurs héros & leurs fanfarons. La docilité, la prudence, la modération, caractérisent le vrai mérite, quelque part où il se trouve.

Il seroit difficile, pour ne pas dire impossible, de donner une exacte définition de tous les caracteres ; la nature en ayant imprimé un particulier à chaque homme, qui se retrouve rarement dans un autre ; on n'en peut donc avoir que des notions générales, qui suffisent à la vérité pour le Commerce du monde. Le point essentiel est de connoître la vertu ou le vice dominant de chacun de ceux que l'on pratique.

La décence & l'affabilité font les premieres qualités prévenantes que doit avoir celui qui entre dans le Commerce du monde ; c'est ce qui saute d'abord aux yeux ; le bon ou le mauvais succès d'une démarche, ne dépend pour l'odinaire que de ce point seul.

ABCDEFGHIJ K L M N O P Q R S

ITALIQUE.

Les Italiens, comme les autres, ont leur [illegible], la médiocrité, caractérisent le vrai [illegible]tère, quelque part où il se trouve.

Il serait difficile, pour ne pas dire impossible, de donner une idée [illegible] à [illegible] qui [illegible] prend un particulier à chaque homme, qui se retrouve rarement dans un autre; on ne peut donc avoir une idée assez générale, [illegible] pour le comparer [illegible] au monde. Le point essentiel est de connaître la vertu ou le vice dominant de chacun de ceux que l'on fréquente.

Les Mœurs & l'habillement [illegible] les provinces [illegible] dans le [illegible]tre du monde; c'est ce [illegible] faire d'abord aux yeux; le bon ou le mauvais [illegible] à une démarche, ne suffit pas toujours pour [illegible] que ce soit [illegible] fait.

ABCDEFGHIJ klmnopqs

PETIT PARANGON ROMAIN.

LES emplois donnent des caracteres
particuliers à ceux qui en font revêtus.
Autre eft, par exemple, le caractere
d'un Eccléfiaftique vertueux, & celui
d'un vicieux. L'homme d'Eglife vertueux
eft modefte, humble, charitable, doux,
humain : le vicieux eft ordinairement
hipocrite; & qui dit hipocrite dit le plus
méchant & le plus dangéreux de tous
les hommes. L'homme d'épée, fe conduit par des principes d'honneurs : il eft
ouvert, franc, libéral, fidéle, amateur
de la gloire, ennemi de toute baffeffe,
prompt à s'enflâmer, facile à fe réconcilier, ami généreux, ennemi fans fourberie. Celui au contraire qui dans cette
profeffion prend la route du vice, eft
envieux, brutal, vain, fourbe, querelleur, impitoyable; avec cela timide, &c.

PETIT PARANGON
ROMAIN.

Un jeune homme infatué d'amour, s'imagine que son bonheur futur dépend de la possession d'une Demoiselle d'une certaine taille, & avec des traits arrangés d'une certaine maniere. Quand il a le malheur de ne pas trouver cette figure, dans la proximité, aussi charmante qu'il se l'étoit dépeinte dans l'éloignement, quel chagrin pour lui de se trouver lié à une femme qui ne peut lui procurer de satisfaction! L'on sait ce qu'il arrive alors. Lits & tables à part. Séparation de corps & de biens. Procès honteux.

PETIT PARANGON GROS ŒIL.

LA mauvaise fortune fait connoître la rareté des amis. Un homme en faveur, qui croyoit pouvoir compter au besoin sur un peuple d'amis, pria son maître de faire semblant de le disgracier pour un peu de tems, afin qu'il pût s'assurer si trop de confiance ne l'abuseroit point. Qu'arriva-t-il ? Ceux qu'il croyoit ses meilleurs amis se montrerent ses plus ardens persécuteurs ; & ceux dont il s'imaginoit devoir être opprimé, parurent au contraire ses meilleurs amis. Ce qui prouve que l'on ne doit pas trop se fier à ceux qui paroissent nous aimer, ni trop s'élever contre ceux qui semblent nous haïr. La bonne fortune fait les flateurs ; l'adversité les découvre.

PETIT PARANGON
ITALIQUE.

ORonte, vieux, caſſé, valétudinaire, infirme, s'ennuie de ſe voir toujours ſeul, à la merci de deux enfans déja grands qui le tourmentent; d'une ſervante, & d'un valet; il trouve toujours quelque choſe d'égaré, de perdu. Cela mérite attention. Pour remédier à de ſi fâcheux inconvéniens, Oronte a pris le parti de ſe remarier; & à qui? à Célamiſe, femme adroite, & entendue.... Bon, Oronte va faire juſtement comme le Jardinier de la Fontaine, qui fit entrer une meute de chiens dans ſes vergers pour détruire un malheureux lapin, qui auroit moins fait de dégât en dix ans, que les chiens n'en firent en un jour.

GROS PARANGON
ROMAIN.

SI avec les qualités du tempéramment nous y joignons les différences que l'âge y apporte, nous y trouverons en partie le caractere de l'homme. Comme l'état influe aussi beaucoup sur le cœur, il faut encore examiner quel il est. Le Noble, par exemple, est ordinairement généreux, ambitieux, & naît avec une certaine fierté qui lui fait dédaigner non-seulement ce qu'on appelle roture, mais encore une noblesse qui aura moins d'ancienneté ou de titres que la sienne.

GROS PARANGON GR. ŒIL.

L'Oiſiveté eſt la mere de l'Amour. Il faut étouffer la mere, ſi l'on ne veut pas que ſon fruit vienne en maturité. Pour cela il faudroit donner à ſon eſprit quelques occupations ſérieuſes & réglées qui l'employaſſent utilement. L'eſprit eſt un feu qui veut toujours être en action. Si vous ne prenez ſoin de lui donner des occupations qui tendent à la vertu, il en cherchera qui le conduiſent au vice. Appliquons-nous à la lecture de certains Ouvrages, qui, en nous amuſant agréablement, puiſſent nous inſpirer l'amour de la vertu.

GROS PARANGON ITALIQUE.

LA richeſſe du Marchand eſt celle de la Monarchie ; plus le Commerce fleurit dans un Etat, & plus ce même Etat eſt riche, puiſſant & invincible. Le Roi de Perſe a érigé une Charge ſous le titre de Directeur Général du Commerce, avec la qualité de Conſeiller d'Etat, ayant ſéance dans le Conſeil, & que l'on peut appeller le Miniſtre du Négoce. On choiſit, pour remplir cette place, un homme qui, après avoir paſſé par tous les degrés & honneurs que peut donner le Commerce, s'eſt acquis des lumiéres & une

PARIS

Otterie en ...
& qu ...
princes chu ...
et ouvert, fi ...
fi ...
10, d... trai... de ...
se, prompte Cé ...
... le recon ...
Sérieux, traion en cri...
traire qui, dans cette pro-
lefion, prend le coup d...
vice, ert envieux, &c...

PALESTINE.

Clitandre ou l'homme d'épée, se conduit par des principes d'honneur ; il est ouvert, franc, libéral, fidelle, amateur de la gloire, ennemi de toutes bassesse, prompt à s'enflâmer, facile à se réconcilier, ami généreux. Trason au còntraire qui, dans cette profession, prend la route du vice, est envieux, &c. *mm*

PETIT CANON.

Ariste, dans la Magiſtrature, eſt doux ſans foibleſſe, pitoyable ſans lâcheté, déſintéreſſé, droit, inébranlable dans ſon devoir, impénétrable aux atteintes de l'or, inſenſible à l'amorce des plaiſir, plein de bonne foi, de candeur de probité ; effectif, dans ſes paroles, toujours en garde contre la prévention. *mſm*

TRISMÉGISTE
ROMAIN.

CE fut la suite des grandes choses achevées par Marius & Sylla. Le sort des Provinces domptées passa dans leur Capitale elle fut contrainte d'obéir aux Vainqueurs du Septentrion & l'Orient. Cette nécessité de servir s'établit avec d'autant plus de force par les heureux succès des &c.

TRISMÉGISTE

ITALIQUE.

LES liaisons que ces deux grands Romains prirent entre-eux, augmenterent encore leur autorité, & leur différend même servant de prétexte à leur ambition, ne fut pas moins utile à cette ambition que la puissance. Mais parce qu'il faut que ce soit le genie des hommes qui fasse &c.

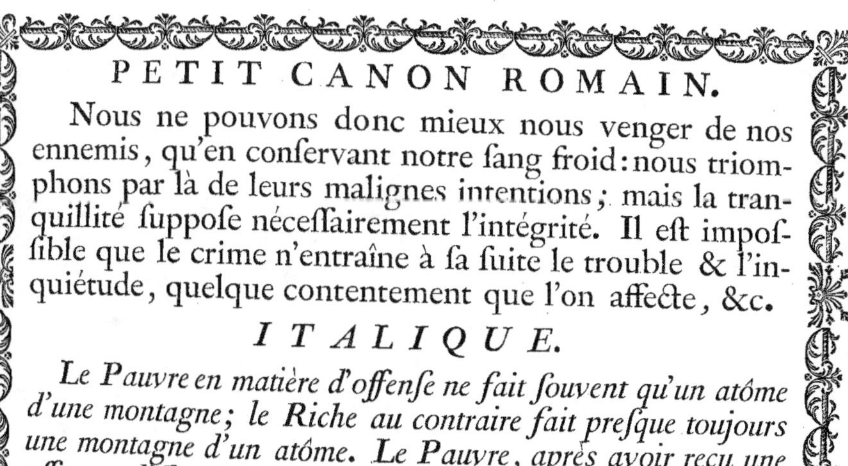

PETIT CANON ROMAIN.

Nous ne pouvons donc mieux nous venger de nos ennemis, qu'en conſervant notre ſang froid : nous triomphons par là de leurs malignes intentions ; mais la tranquillité ſuppoſe néceſſairement l'intégrité. Il eſt impoſſible que le crime n'entraîne à ſa ſuite le trouble & l'inquiétude, quelque contentement que l'on affecte, &c.

ITALIQUE.

Le Pauvre en matière d'offenſe ne fait ſouvent qu'un atóme d'une montagne ; le Riche au contraire fait preſque toujours une montagne d'un atóme. Le Pauvre, après avoir reçu une offence, diſſimule & remercie même quelquefois &c.

GROS CANON ROMAIN

SERRÉ.

La diſſimulation eſt eſſentielle dans le Commerce du monde, elle fait même partie de la politeſſe. Qui ne ſçait point diſſimuler n'eſt bon à rien, & ignore ce que c'eſt que le ſçavoir vivre. Ce n'eſt point la diſſimulation des fourbes & des hipocrites dont nous parlons, &c.

GROS CANON ITALIQUE
SERRÉ.

La diſſimulation qui vient de la prudence, eſt d'une néceſſité indiſpenſable dans le Commerce ; elle eſt comme le gond ſur lequel roulent les portes du Temple de la Fortune. Adraſte a ſes raiſons pour paroître quelquefois tout autre qu'il n'eſt en effet : il ſçait que les Courtiſans &c.

GROS CANON.

BÉLISAIRE, à la tête des Armées, a fait voir un cœur intrépide : Bélisaire, un bâton à la main & une beface fur l'épaule, a montré une fermeté d'ame inébranlabe.

Lucius posséde tout & se laisse manquer de tout; il sçait seulement que quand il voudra, il pourra se donner la jouissance

QUATRE POINTS DE GROS ROMAIN.

La diſſimulation dans le Commerce du monde eſt eſſentielle. elle fait même partie de la politeſſe. quoi diſſimuler n'eſt point &c.

GROSSE NOMPAREILLE.

LA dissimulation qui
vient de la prudence,
est indispensable chez
les grands hommes, &

EPREUVE

De Finaciere au corps de Parangon.

Tout le monde court à la mort avec précipitation, les Grands comme les Petits, les Riches comme les Pauvres, les Rois comme les Bergers, & la rapide révolution des siécles entraîne avec eux des millions d'hommes. Nos Peres sont morts, nous mourrons comme eux. Nous nous persuadons souvent d'aimer les gens plus puissans que nous, & néanmoins c'est l'intérer seul qui produit notre amitié. Nous ne nous donnons pas à eux pour le bien que nous leur voulons faire mais pour celui que nous en voulons recevoir.

Musique Gothique, à l'usage des Protestans.

Eureux celui qui   dès ses jeunes ans,
S'est tenu loin du conseil des   méchans;
Qui des pécheurs fuit la trompeuse voie,
Et des moqueurs la   criminelle joie;
Qui craignant Dieu, ne se plaît qu'en sa Loi,
Et nuit & jour, la   médite avec foi!
Tel   que l'on voit, sur le bord d'un
ruisseau, Croître & fleurir un arbre toujours
beau, Et qui ses fruits en leur saison rap-
porte, Sans que jamais la feuille tombe
morte, Tel est le juste & tout ce qu'il
fera, Béni d'en haut toujours prosperera.

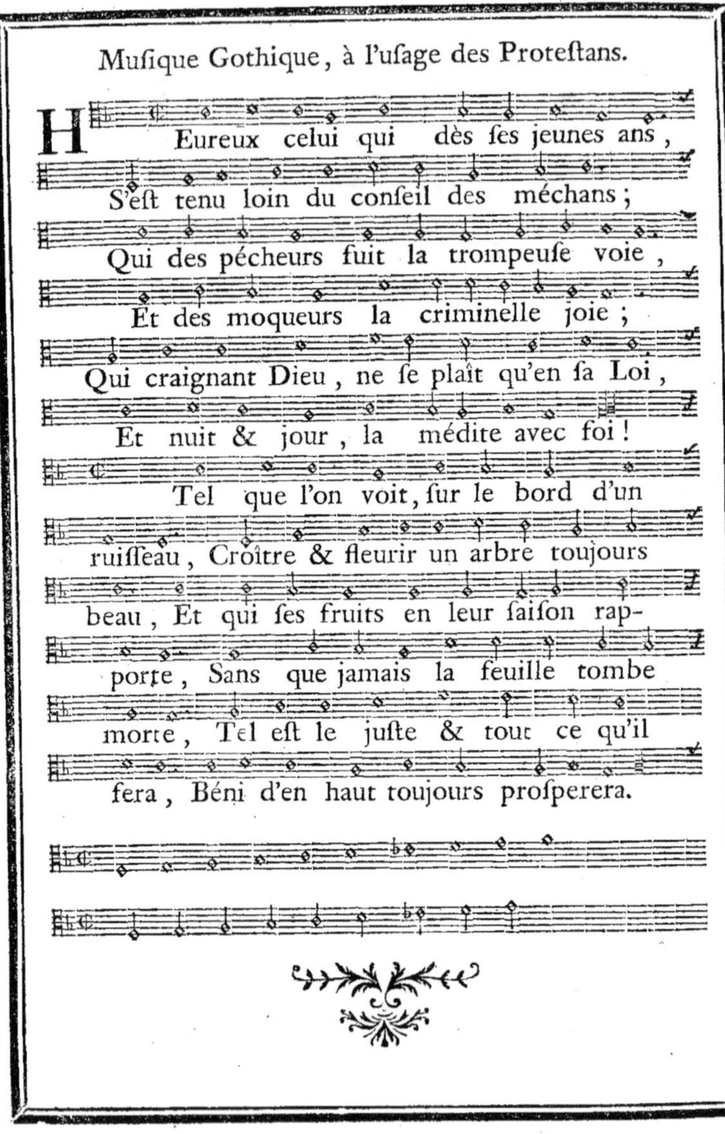

NOTE DE QUATRE POINTS DE NOMPAREILLE.

AD fa-ci-en- dam mi-fe-ri-cor- diam

cum pa-tri-bus no- ftris, & memo-ra- ri

teftamenti fu- i fan- cti, quod ju-ra-

vit ad A- braham. ℣. Ju-ra-vit

Do-mi-nus Da-vid ve- ri-ta- tem ,

& non fru- ftra- bi-tur e-

* Adum

SIGNES DE PHARMACIE.

SIGNES DU ZODIAQUE.

SIGNES DE L'ALMANACH DU BERGER.

SIGNES D'ALGEBRE.

GROSSES DE FONTE ROMAINES.

ABC
DEF

GROSSES DE FONTE ITALIQUES.

ABC
DEF

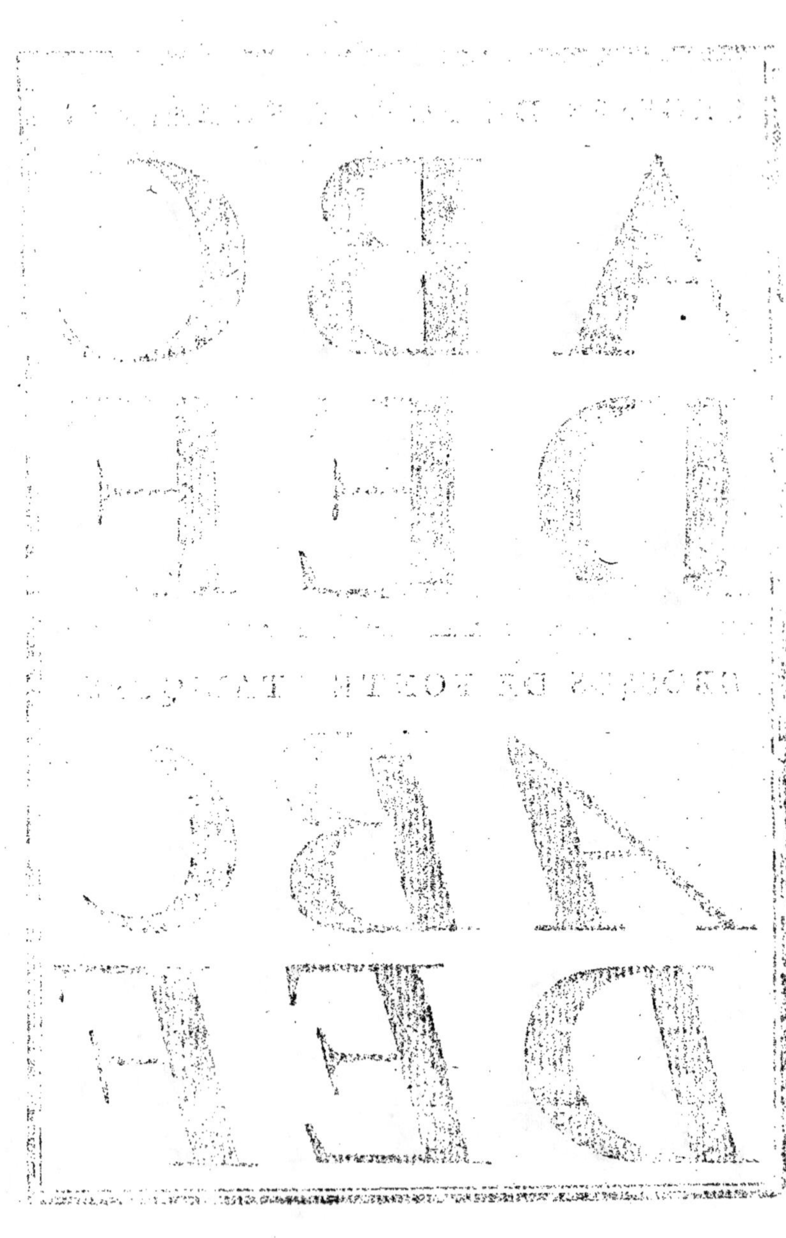

A B C D
E É Ê F
G H I K
L M N O
P Q R S

MOYENNES DE FONTE ITALIQUES.

A B C
D E F
G H I J
K L M
N O P

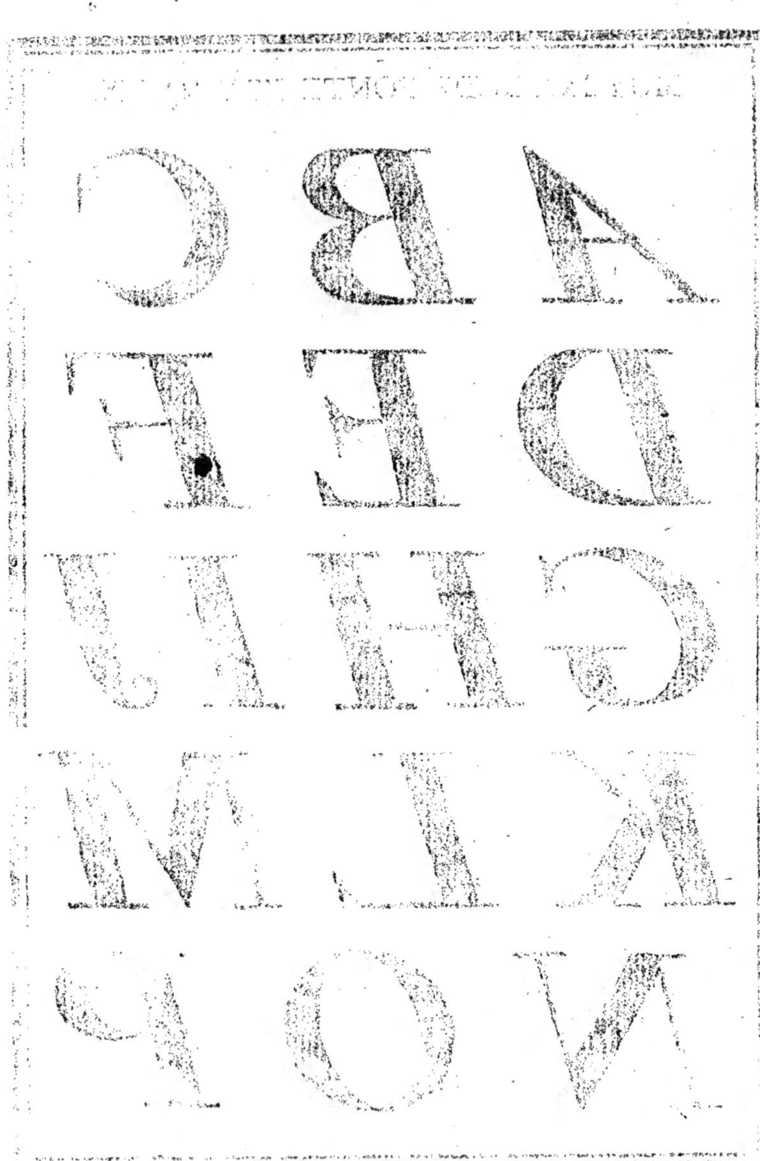

A B C D E
F G H I J
K L M N O
P Q R S T
U V W X Y Z

ABCDE
ÉÈÊFG
HIJKLM
NOPQR
STUVW
XYZÆ

A B C D
E É Ê F G
H I J K L
M N O P
Q R S T U
X Y Z Æ

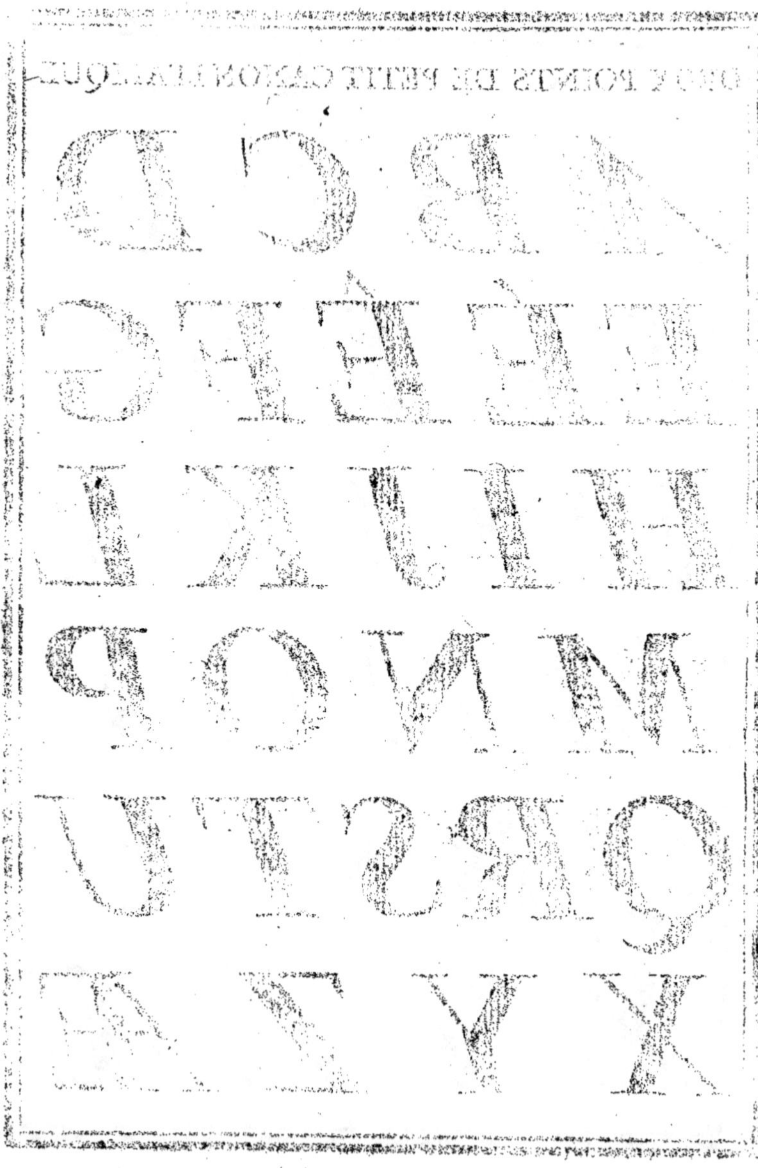
DOUZE POINTS DE PETITE CANON ITALIQUE
A B C D
E F G
H I K L
M N O P
Q R S T U
X Y Z

ABCDEF
GHIJKL
MNOPQR
STUVWX
YZÆŒÇ
ÊÈÉ-',.

Deux points de gros Parangon Italique.

A B C D E
F G H I J K
L M N O P
Q R S T U V
W X Y Z Æ
Œ Ç É È Ê

Deux pionts de petit Parangon Romain & Italique.
ABCDEFG
HIJKLMN
OPQRSTU
VWXYZÆŒ.

ABCDEFG
HIJKLMN
OPQRSTU
VWXYZÆ-',

Deux points de gros Romain, romain & italique.

A B C D E F G H
I J K L M N O P
Q R S T U V W X
Y Z Æ Œ É È Ê
Ç - ' , ; : .

A B C D E F G
H I J K L M N O
P Q R S T U V X
Y Z W Æ Œ É È
Ê Ç - ' ; : .

Deux points de Saint Auguftin, romain & italique.

ABCDEFGHIJ KLMNOPQRS TUVWXYZÆŒ ÉÊÈÇ-',:.

ABCDEFGHI JKLMNOPQR STUVWXYZÇ ÆŒÉÈÉ-',:.

Deux points de Cicero, romain & italique.

ABCDEFGHIJKL
MNOPQRSTUVW
XYZÆŒÇÉÈÊ-',;:.

ABCDEFGHIJKL
MNOPQRSTUVW
XYZÆŒÉÈÊÇ',;:

Deux points de Philosophie, romain & italique.

ABCDEFGHIJKL
MNOPQRSTUVWX
YZÆŒÇÉÈÊ-',;:.

ABCDEFGHIJKL
MNOPQRSTUVW
XYZÆŒÇÉÈÊ-';:.

Deux points de Petit Romain, romain & italique.

ABCDEFGHIJKLM
NOPQRSTUVWXY
ZÆŒÇÉÈÊ-',;:.

ABCDEFGHIJKL
MNOPQRSTVUW
XYZÆŒÉÈÊ-',;:.

Deux points de petit Texte, romain & italique.

ABCDEFGHIJKLMNO
PQRSTUVWXYZÆŒÇ
ÉÈÊ-',;.

ABCDEFGHIJKLMN
OPQRSTUVWXYZÆ
ÆŒÇÉÈÊ-',;:.

GROSSES DE FONTE ROMAINES.
A B C
D E F
GROSSES DE FONTE ITALIQUES.
A B C
D E F

GROSSES DE FONTE ROMAINES.

ABC
DEF

GROSSES DE FONTE ITALIQUES.

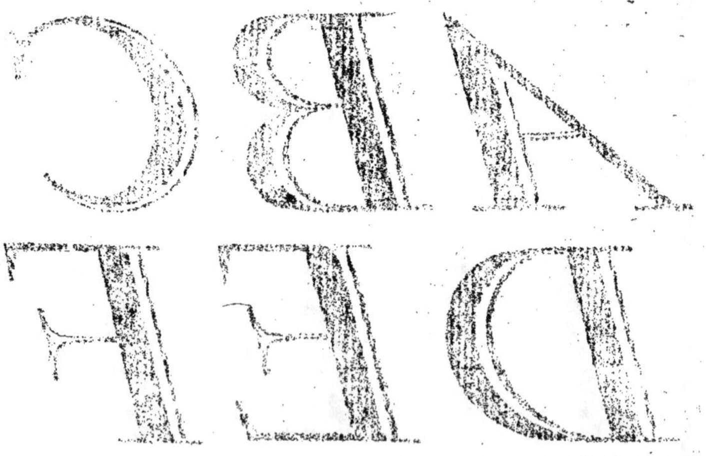

ABC
DEF

A B C D
E F E F
G H I K
L M N O
P Q R S

ABCD
EÊÉF
GHIK
LMNO
PQRS

A B C
D E F
G H I J
K L M
N O P

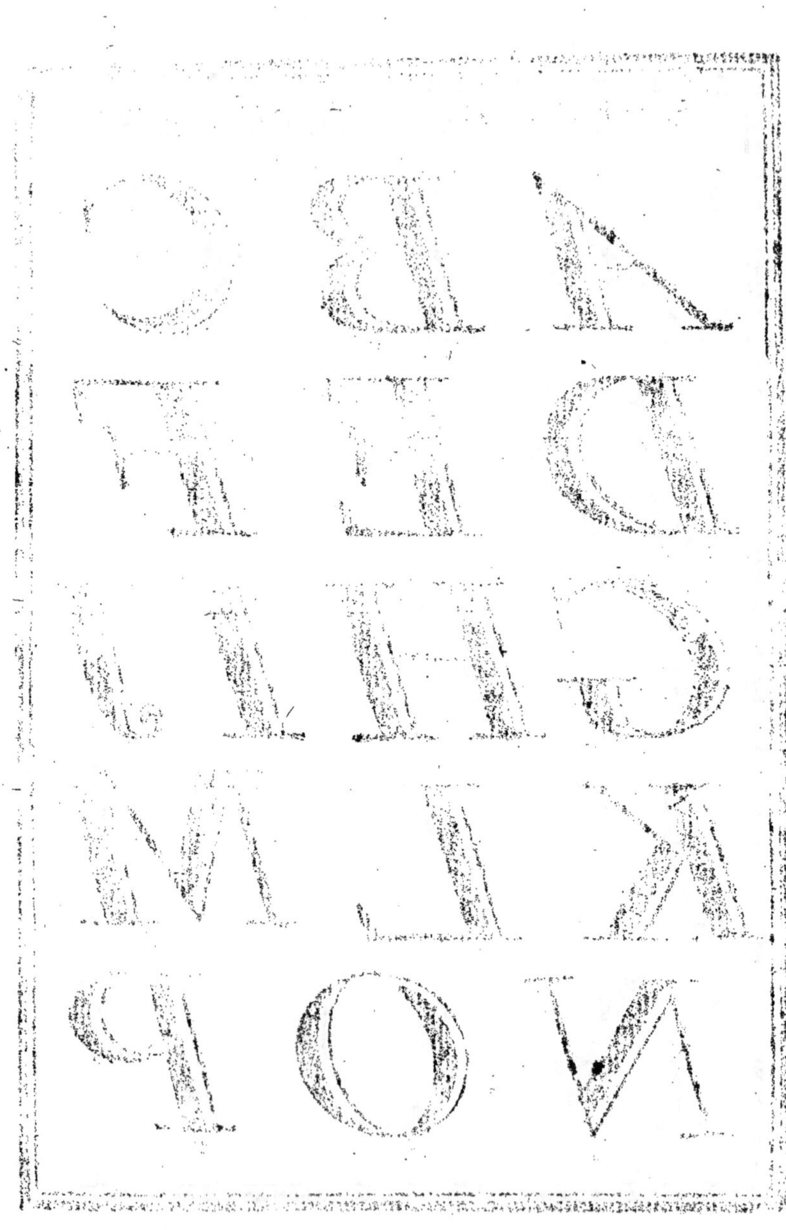

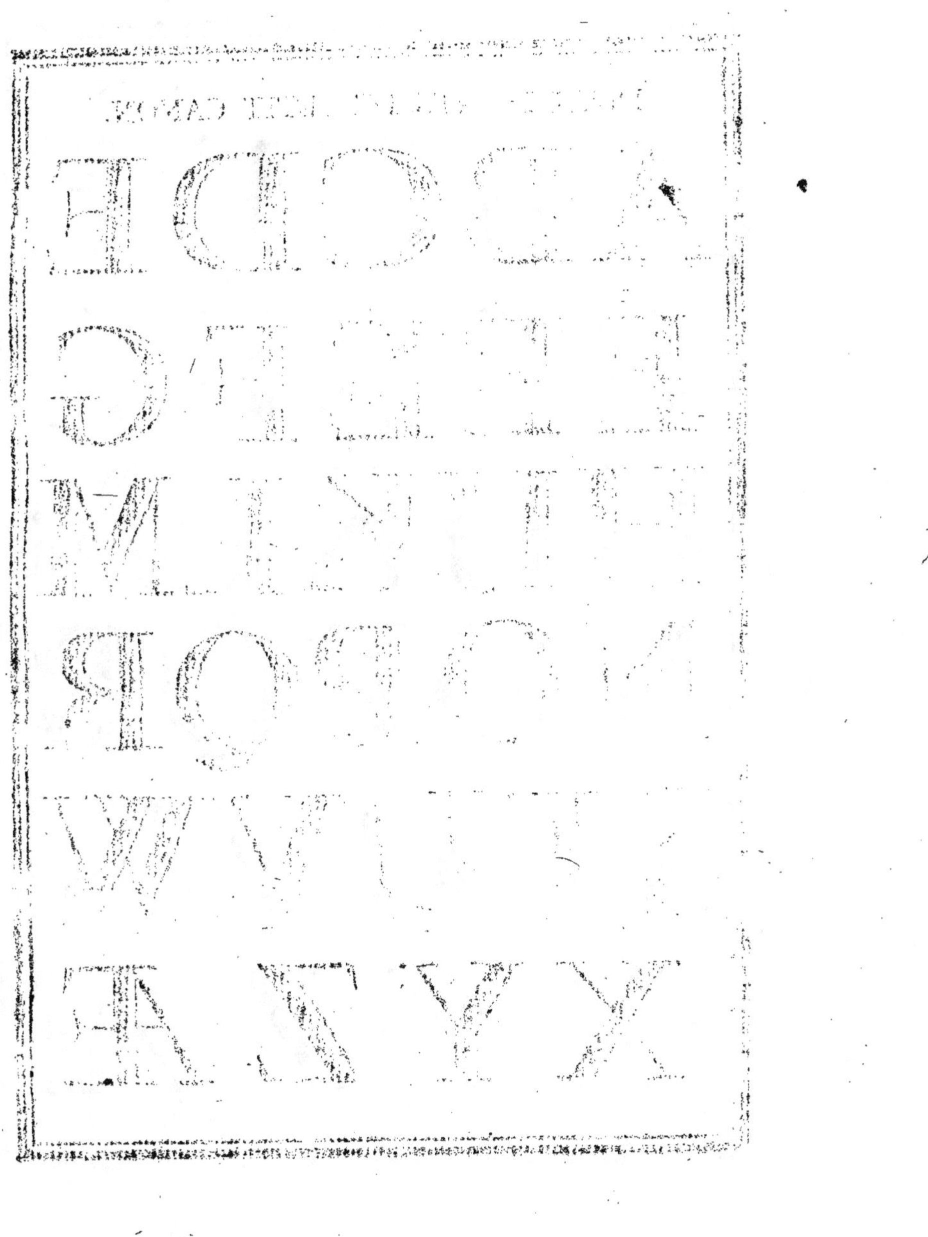

ABCDE
ÉÈÊFG
HIJKLM
NOPQR
STUVW
XYZÆ

A B C D
E É Ê F G
H I J K L
M N O P
Q R S T U
X Z Æ Y

A B C D
E F G H
I K L
M N O P
Q R S T U
X Y Z &

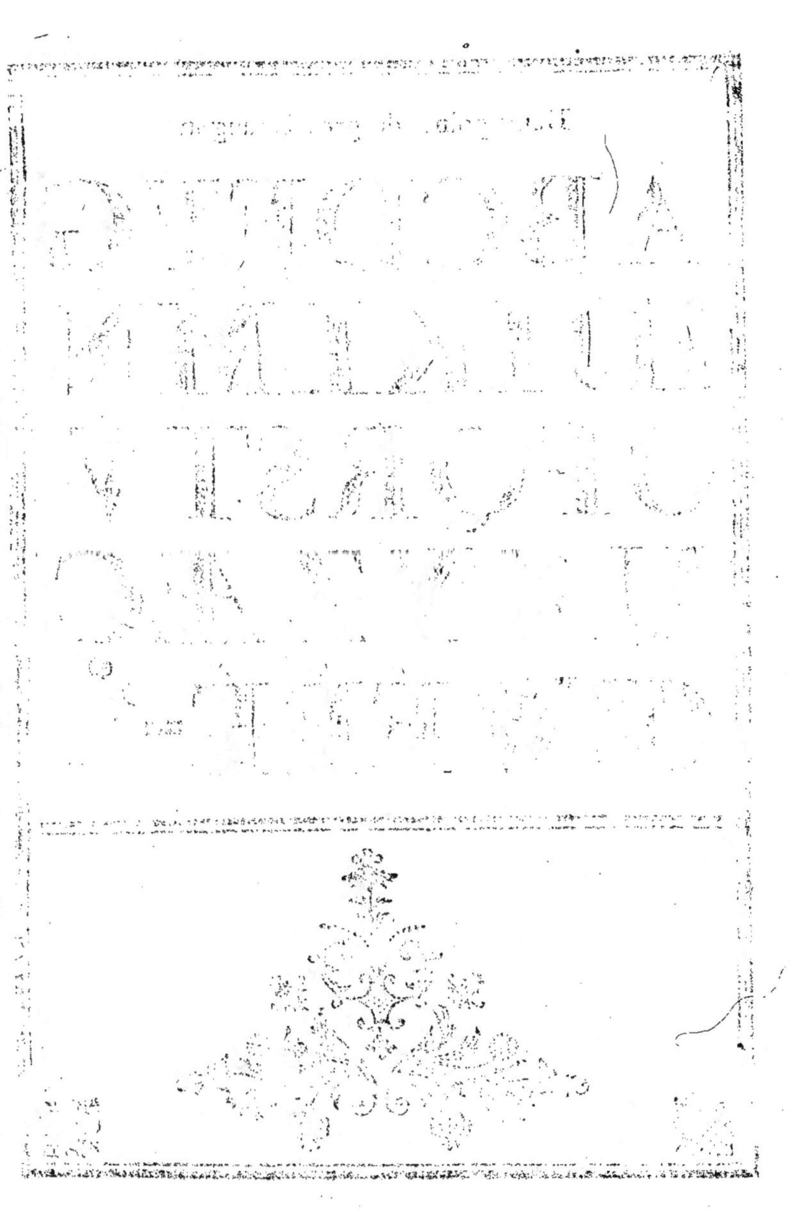

Deux points de gros Parangon

ABCDEFG
HJIKLMN
OPQRSTV
UXYZÆÇ
ŒWÉÈÊ-',;.

Deux points de gros Parangon Italique.

A B C D E
F G H I J K
L M N O P
Q R S T U V
X Y Z Æ W
Œ Ê É È - , . ; :

Deux points de petit Parangon, Romain & Italique.

ABCDEFGH
JIKLMNOP
QRSTUVXY
ZÆŒWÉÈ',.

ABCDEFHG
IJKLMNOP
QRSTUVX
YZÆWÉÈÉ-

Deux points de gros Romain, romain & italique.

ABCDEFGH
IJKLMNOP
QRSTUVWXY
ZÆŒÇÉÈÊ-',;:..

ABCDEFGHI
JKLMNOPQ
RSTUVWXY
ZÆŒÇÉÈÊ-',;:..

Deux points de Saint Augustin, romain & italique.

ABCDEFGHIJ
KLMNOPQRS
TUVWXYZÆŒ
ÇÉÊÈ-',;:.

ABCDEFGHI
JKLMNOPQR
STUVWXYZÇ
ÆŒÉÈÊ-',;:.

A B C D E F G H I J K L
M N O P Q R S T U V W
X Y Z Æ Œ Ç É È Ê - ' , ; : .

A B C D E F G H I J K L
M N O P Q R S T U V W
X Y Z Æ Œ Ç É È É ' , ; : .

A B C D E F G H I J K L
M N O P Q R S T U V W X
Y Z Æ Œ Ç É È Ê - ' , ; : .

A B C D E F G H I J K L
M N O P Q R S T U V W
X Y Z Æ Œ Ç É È É ' , ; : .

Deux points de Petit Romain, romain & italique.

A B C D E F G H I J K L M N
O P Q R S T U V W X Y Z Æ
Œ Ç É È Ê - ' , ; : .

A B C D E F G H I J K L M
N O P Q R S T U V W X Y
Z Æ Œ É È Ê - ' , ; : .

Deux points de petit Texte, romain & italique.

A B C D E F G H I J K L M N O
P Q R S T U V W X Y Z Æ Œ Ç
É È Ê - ' , ; .

A B C D E F G H I J K L M N
O P Q R S T U V W X Y Z Æ
Œ Ç É È Ê - ' , ; : .

Deux points de Saint Augustin ornés.

A B C D E F G
H I J K L M N O
P Q R S T U V
W X Y Z Æ Œ Ç
É È Ê — ' , ⊙

Deux points de Cicero romain & italique ornés.

A B C D E F G H I J
K L M N O P Q R S
T U V W X Y Z Æ
Œ Ç É È E — ' , .

A B C D E F G H I
J K L M N O P Q
R S T U V W X Y
Z Æ Œ Ç É — ' ,

Deux points de philofophie romain & italique ornés.

A B C D E F G H I J K
L M N O P Q R S T U
V W X Y Z Æ Œ Ç É È
Ê ❦ ' , .

A B C D E F G H I J K
L M N O P Q R S T U V
W X Y Z Æ Œ Ç É È É . ' ,

Deux points de petit Romain ornés.

A B C D E F G H I J K L M
N O P Q R S T U V W X Y
Z Æ Œ Ç É ❦ ' , .

A B C D E F G H I J K L
M N O P Q R S T U V W
X Y Z Æ Œ Ç É È É . , ❦

Deux points de petit Texte romain & italique ornés.

ABCDEFGHIJKLM
NOPQRSTUVWXYZ
ÆŒÇÉÈÊ=',;.

ABCDEFGHIJKLMN
OPQRSTUVWXYZÆ
ŒÇÉÈÊ

Deux points de Nompareille ombrés.

ABCDEFGHIJKLMNOPRQSTU
VWXYZÆŒÇÉÈÊ--',;:.

ABCDEFGHIJKLMNOPQR
STUVWXYZÆŒÇÉÈÊ--',;:.

Deux points de Gaillarde romaine & italique.

ABCDEFGHIJKLMNOPQ
ABCDEFGHIJKLMNOP

Deux points de Mignone romaine & italique.

ABCDEFGHIJKLMNOPQRSTUV
ABCDEFGHIJKLMNOPQRST

Deux points de Nompareille romaine & italique.

ABCDEFGHIJKLMNOPQRSTUVXY
ABCDEFGHIJKLMNOPQRSTUVX

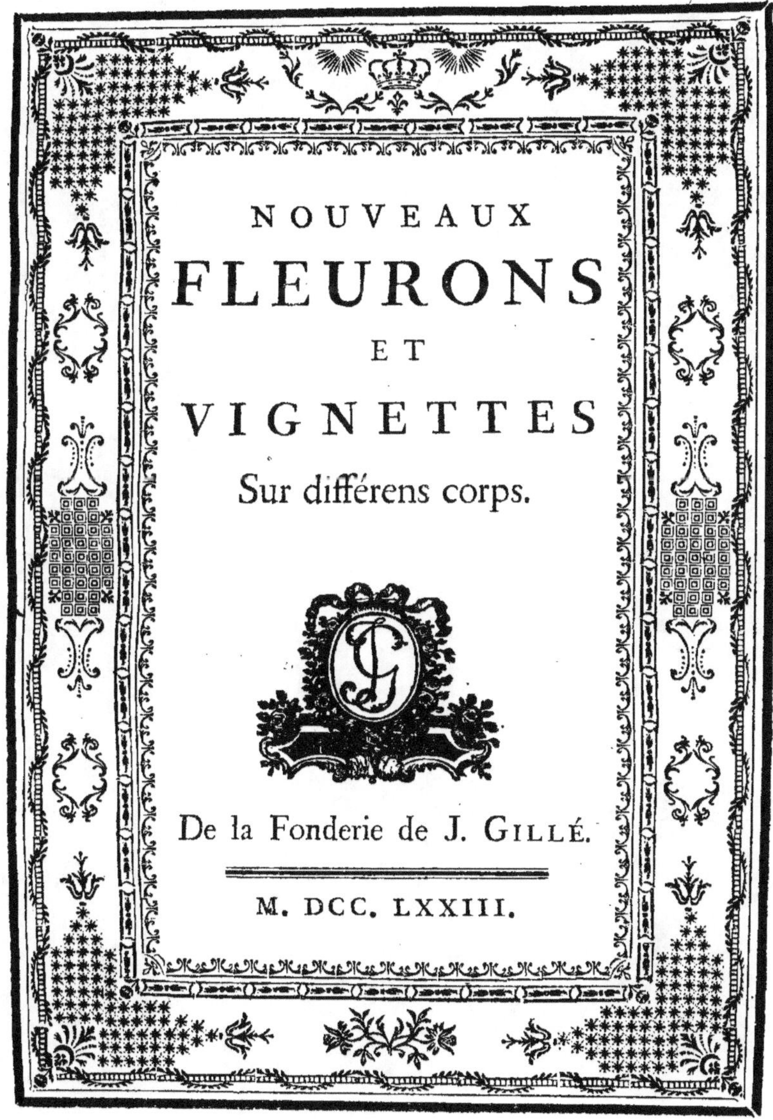
NOUVEAUX
FLEURONS
ET
VIGNETTES
Sur différens corps.

De la Fonderie de J. GILLÉ.

M. DCC. LXXIII.

Fleurons fur le corps de deux Gros Canons.

II

Fleurons fur le corps de deux Gros Canons.

Fleurons fur le corps de deux Gros Canons.

Fleurons fur le corps de quatre petits Parangons.

Fleurons fur le corps de quatre petits Parangons.

Fleurons sur le corps de quatre petits Parangons.

18

19

20

21

22.

VI

Fleurons sur le corps de quatre petits Parangons.

VII

Fleurons fur le corps de deux petits Canons.

VIII

Fleurons fur le corps de deux petits Canons.

Fleurons fur le corps de deux petits Canons.

X

Fleurons fur le corps de deux petits Canons.

Fleurons sur le corps de gros Canon.

Fleurons sur le corps de gros Canon.

Fleurons sur le corps de gros Canon.

XIV

Fleurons sur le corps de gros Canon.

XV

Fleurons ſur le corps de gros Canon.

Fleurons sur le corps de gros Canon.

84

85

86

87

88

Fleurons fur le corps de deux gros Romains.

XVIII

Fleurons fur le corps de deux gros Romains.

95

96

97

98

99

100

101

102

103

104

XIX

Fleurons fur le corps de Petit-canon.

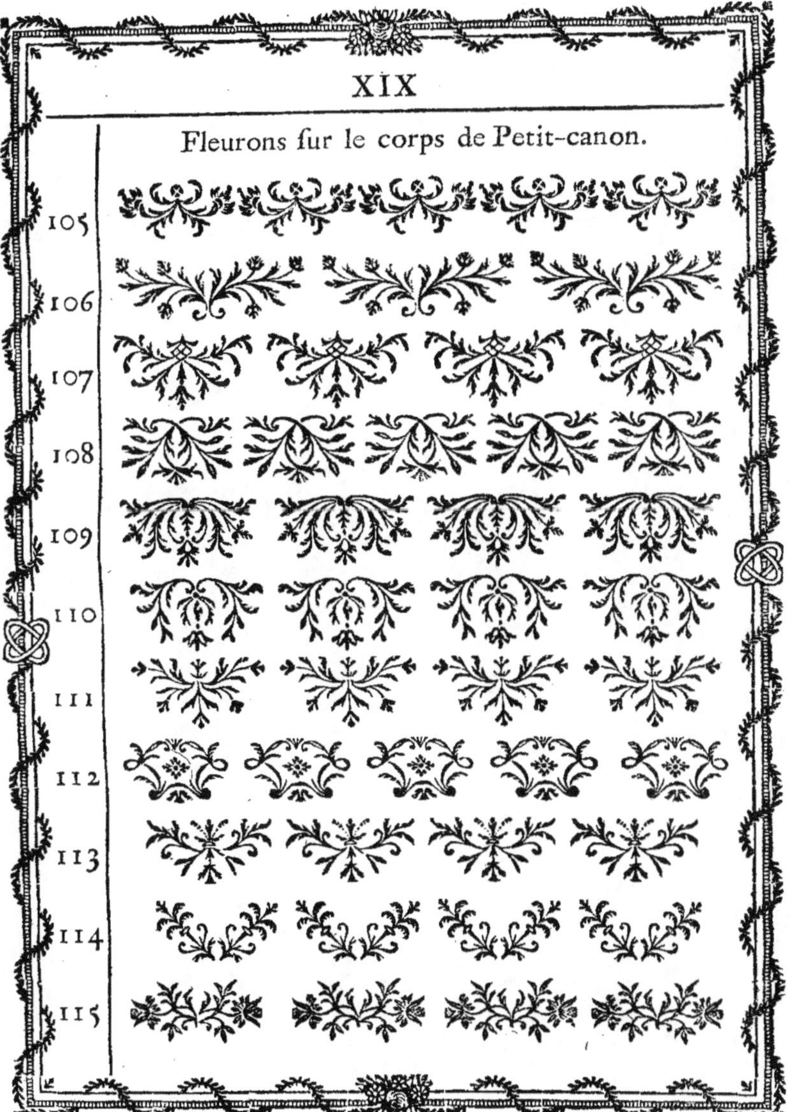

Fleurons sur le corps de Petit-canon.

116

117

118

119

120

121

122

123

124

125

126

Fleurons sur le corps de deux Cicéros.

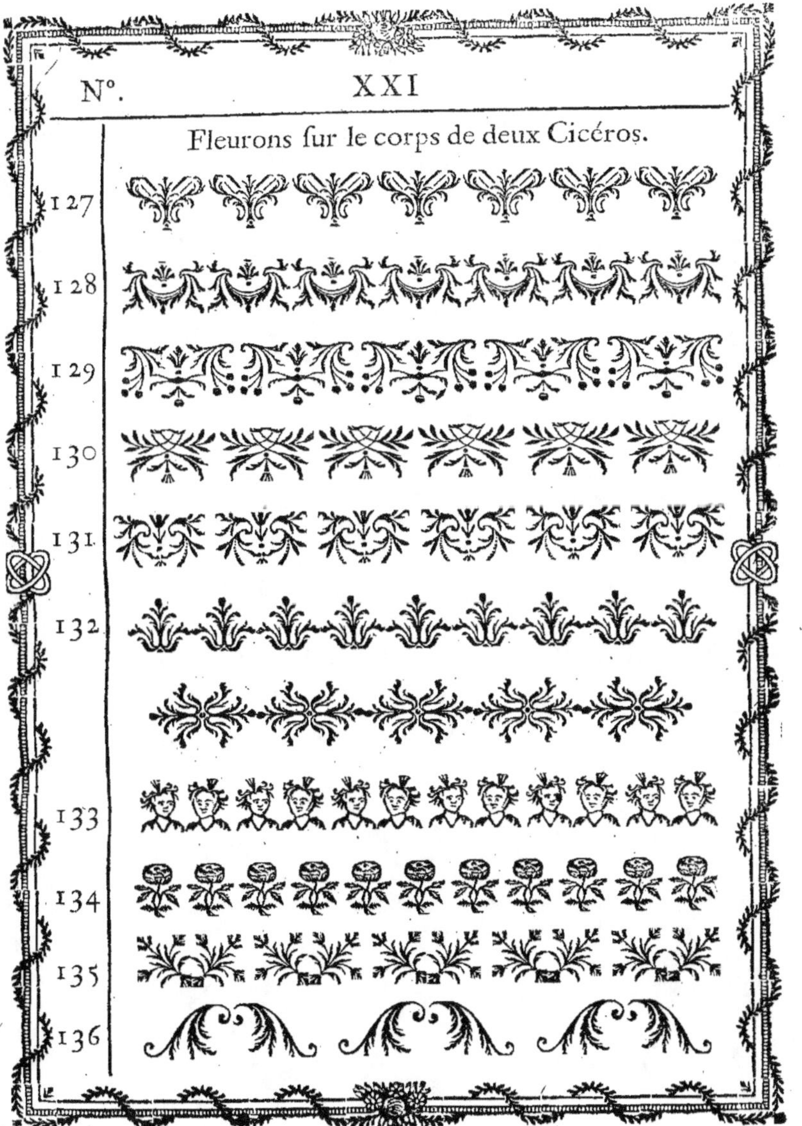

127

128

129

130

131

132

133

134

135

136

Fleurons fur le corps de gros Parangon.

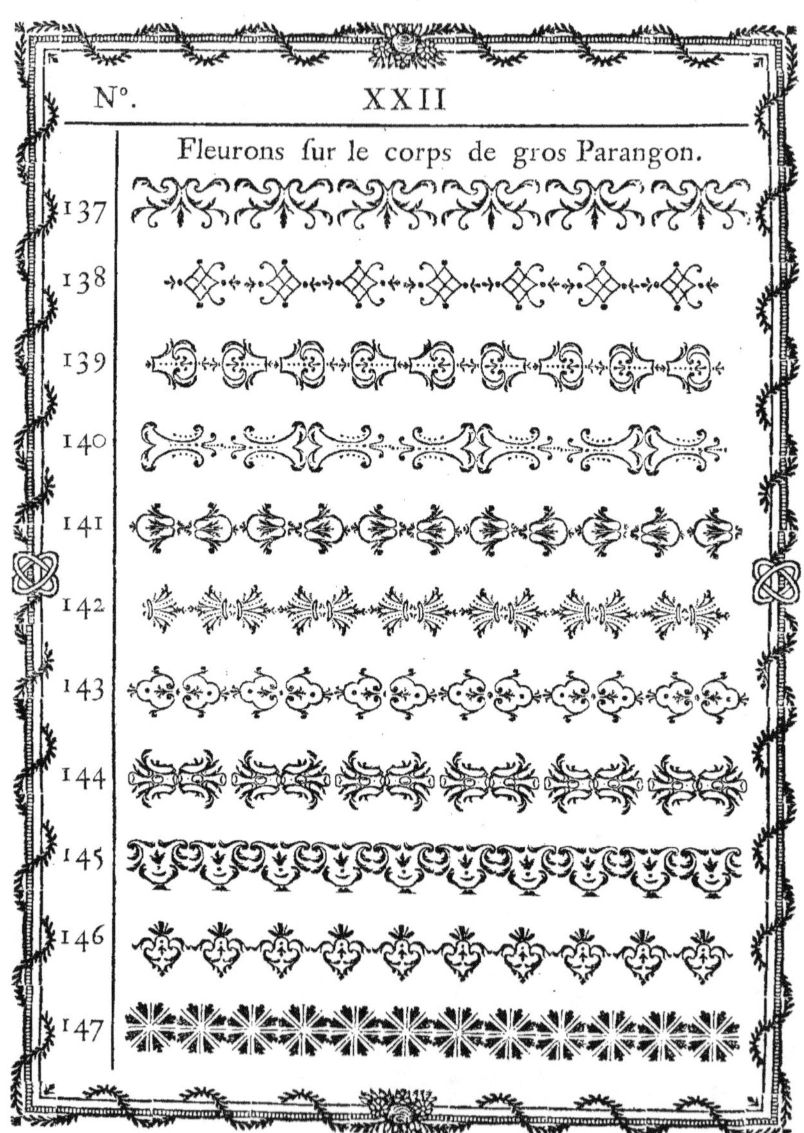

137

138

139

140

141

142

143

144

145

146

147

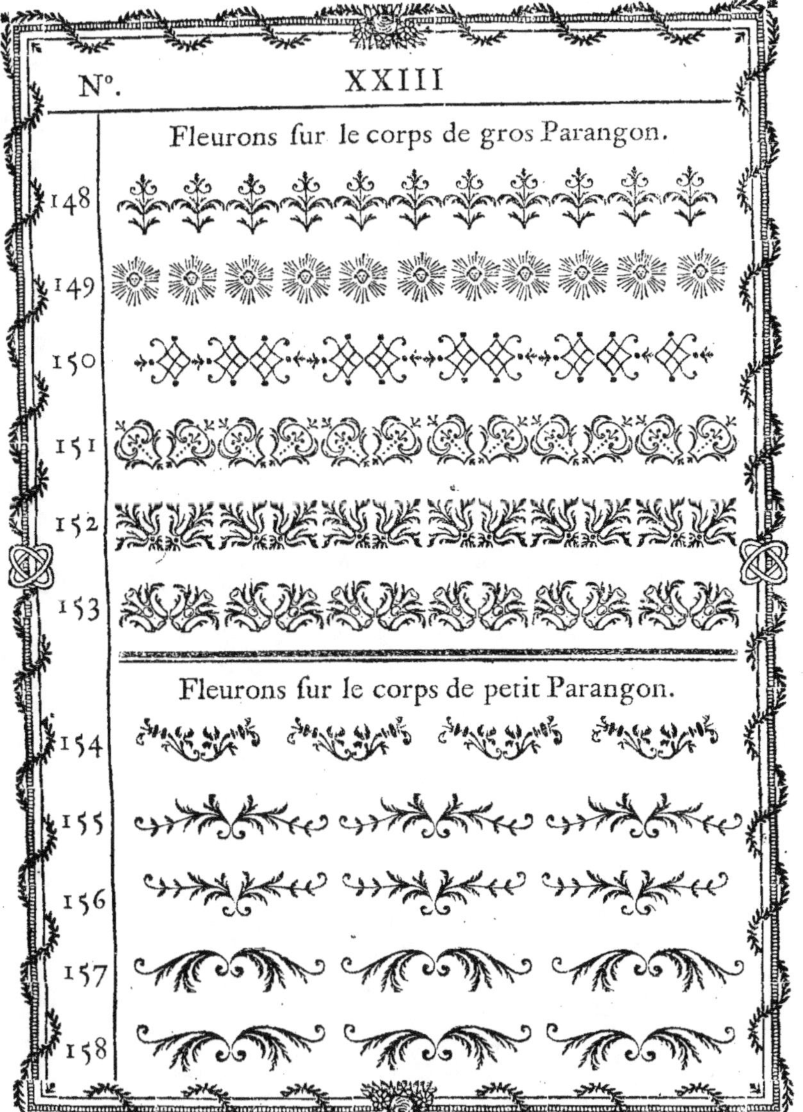

Fleurons fur le corps de gros Parangon.

148

149

150

151

152

153

Fleurons fur le corps de petit Parangon.

154

155

156

157

158

Fleurons sur le corps de petit Parangon.

159
160
161
162
163
164
165
166
167
168
169
170

Fleurons fur le corps de petit Parangon.

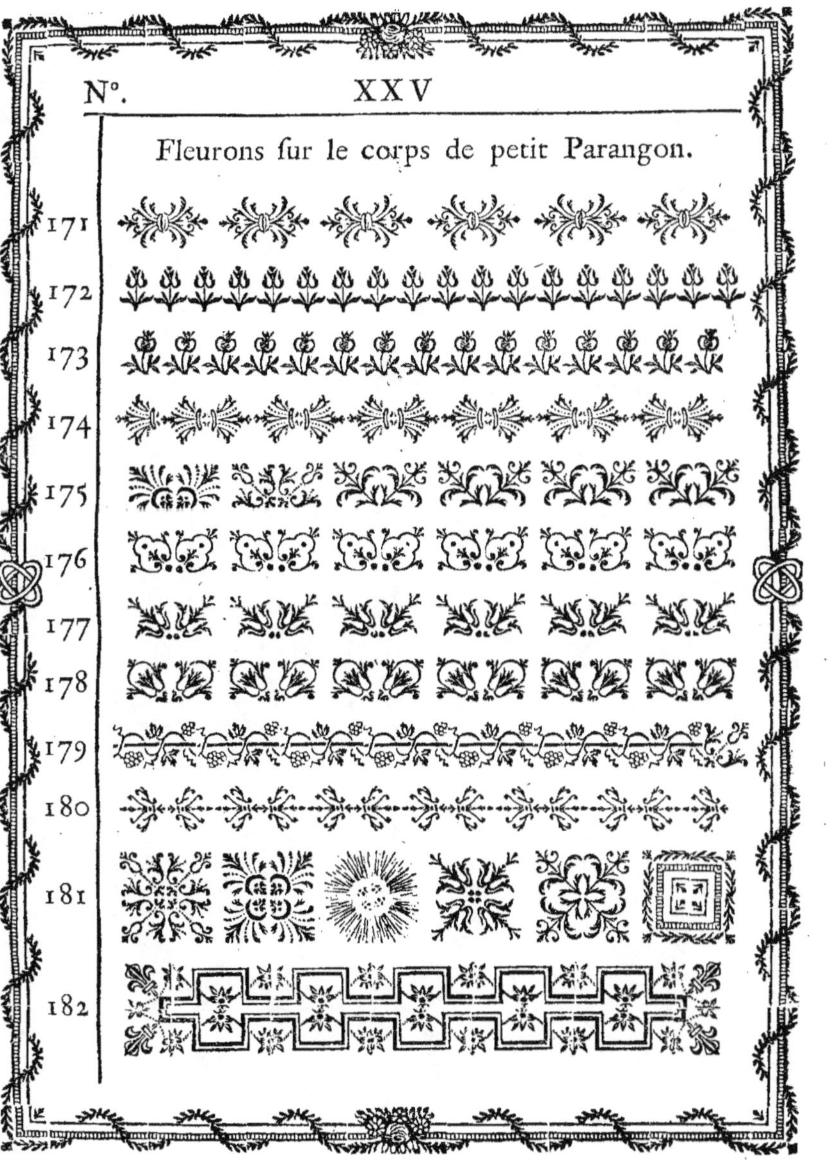

171
172
173
174
175
176
177
178
179
180
181
182

Fleurons fur le corps de petit Parangon.

183

184

185

186

187

188

189

190

191

192

193

194

Fleurons fur le corps de gros Romain.

195

196

197

198

199

200

201

202

203

204

205

Fleurons sur le corps de gros Romain.

206

207

208

209

210

211

212

213

214

215

216

217

218

Fleurons fur le corps de gros Romain.

219

220

221

222

223

224

225

226

227

228

229

230

231

Fleurons fur le corps de gros Romain.

232

233

234

235

236

237

238

239

240

Fleurons sur le corps de gros Romain.

241

242

243

244

245

246

247

248

249

250

Fleurons sur le corps de Saint-Augustin.

251

252

253

254

255

256

257

258

259

260

261

262

263

264

265

Fleurons sur le corps de Saint-Augustin.

266

267

268

269

270

271

272

273

274

275

276

277

278

279

280

Fleurons sur le corps de Saint Augustin.

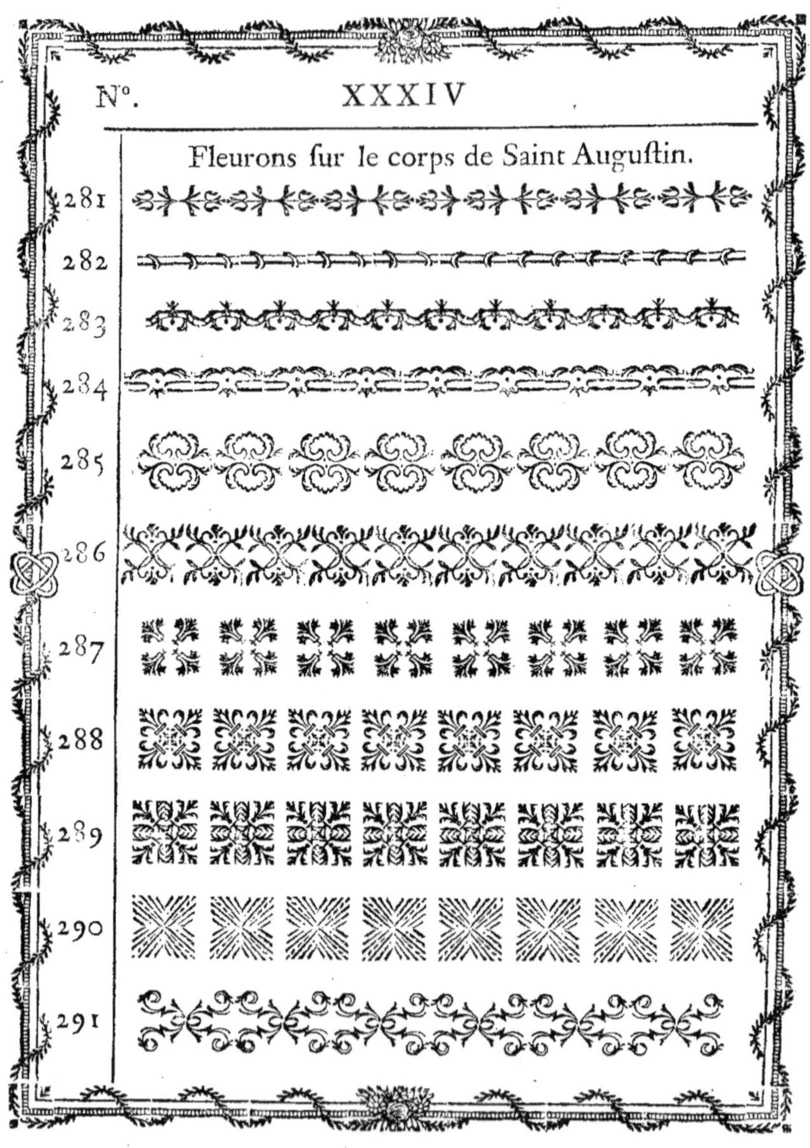

281

282

283

284

285

286

287

288

289

290

291

Fleurons sur le corps de Saint Auguftin.

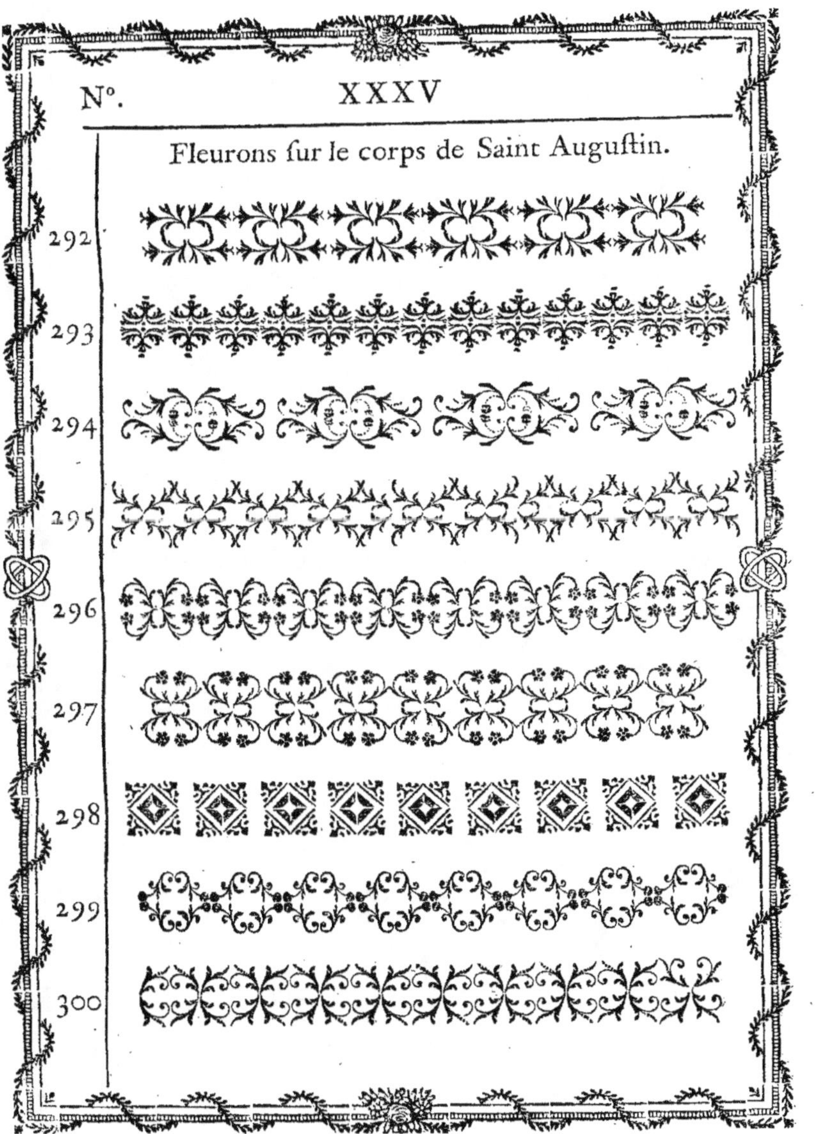

292

293

294

295

296

297

298

299

300

Fleurons fur le corps de Cicero.

301	
302	
303	
304	
305	
306	
307	
308	
309	
310	
311	
312	
313	
314	
315	

Fleurons sur le corps de Cicéro.

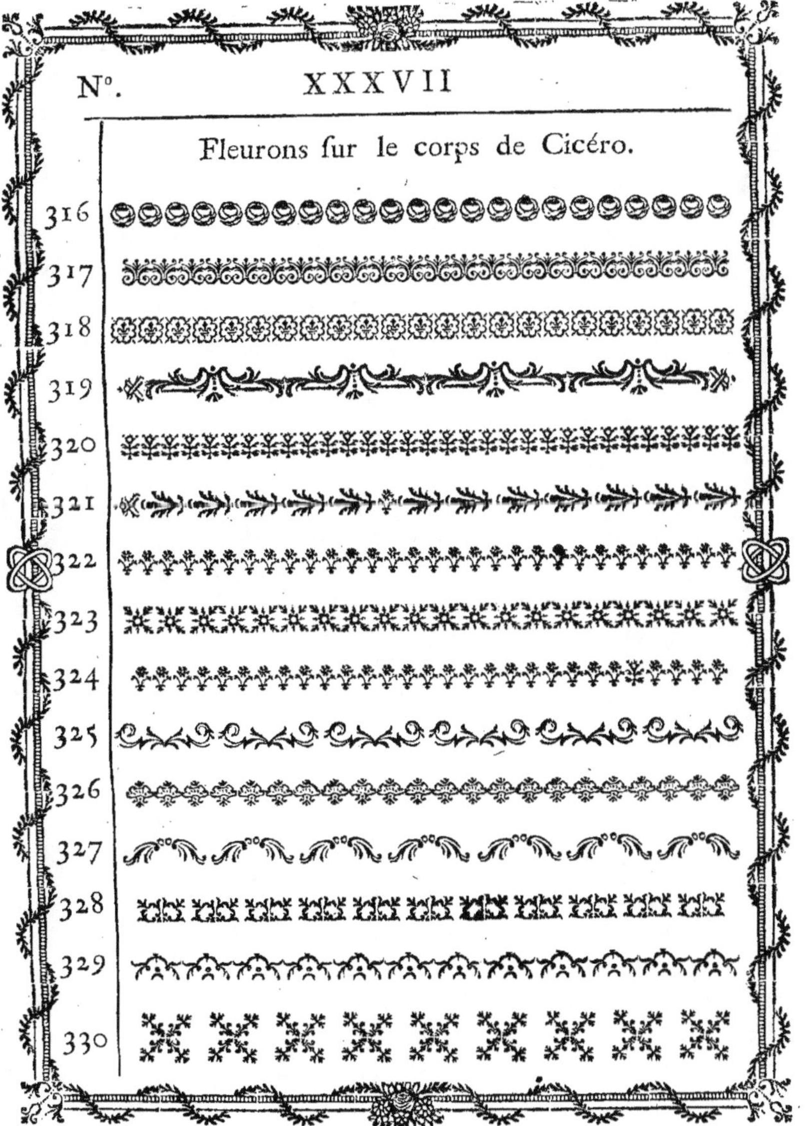

316
317
318
319
320
321
322
323
324
325
326
327
328
329
330

Fleurons fur le corps de Cicéro.

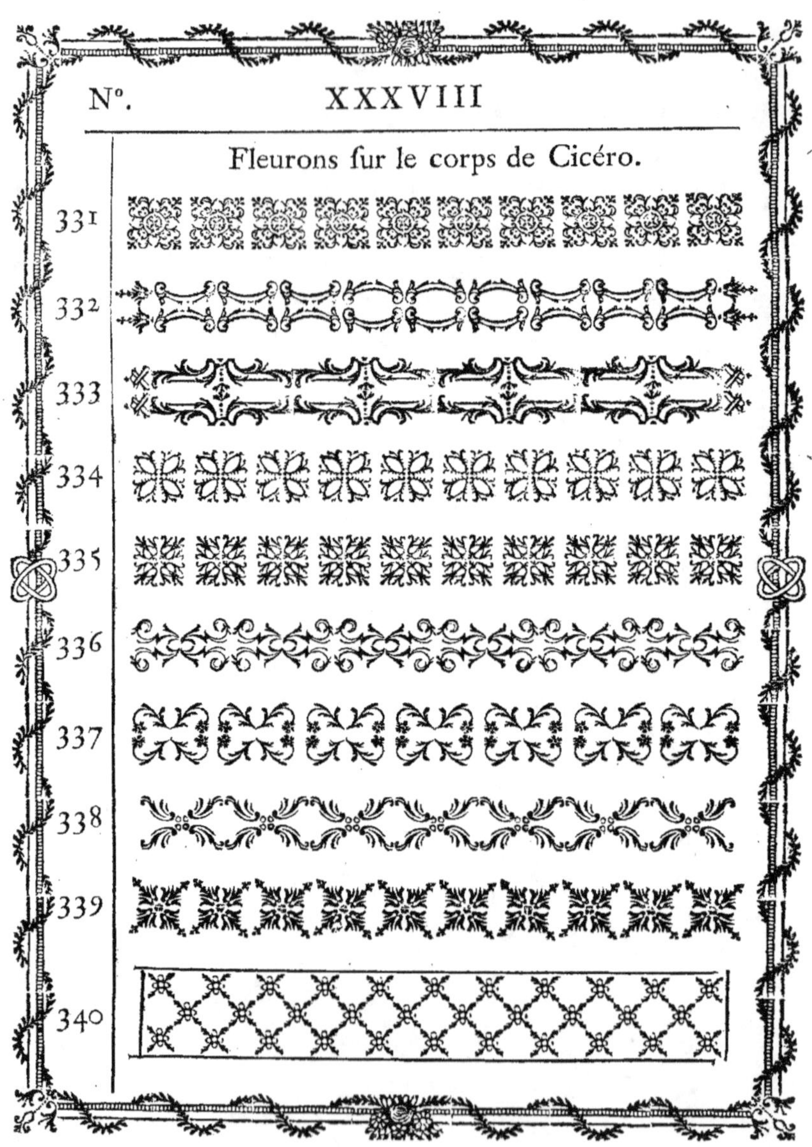

331

332

333

334

335

336

337

338

339

340

Fleurons fur le corps de petit Romain.

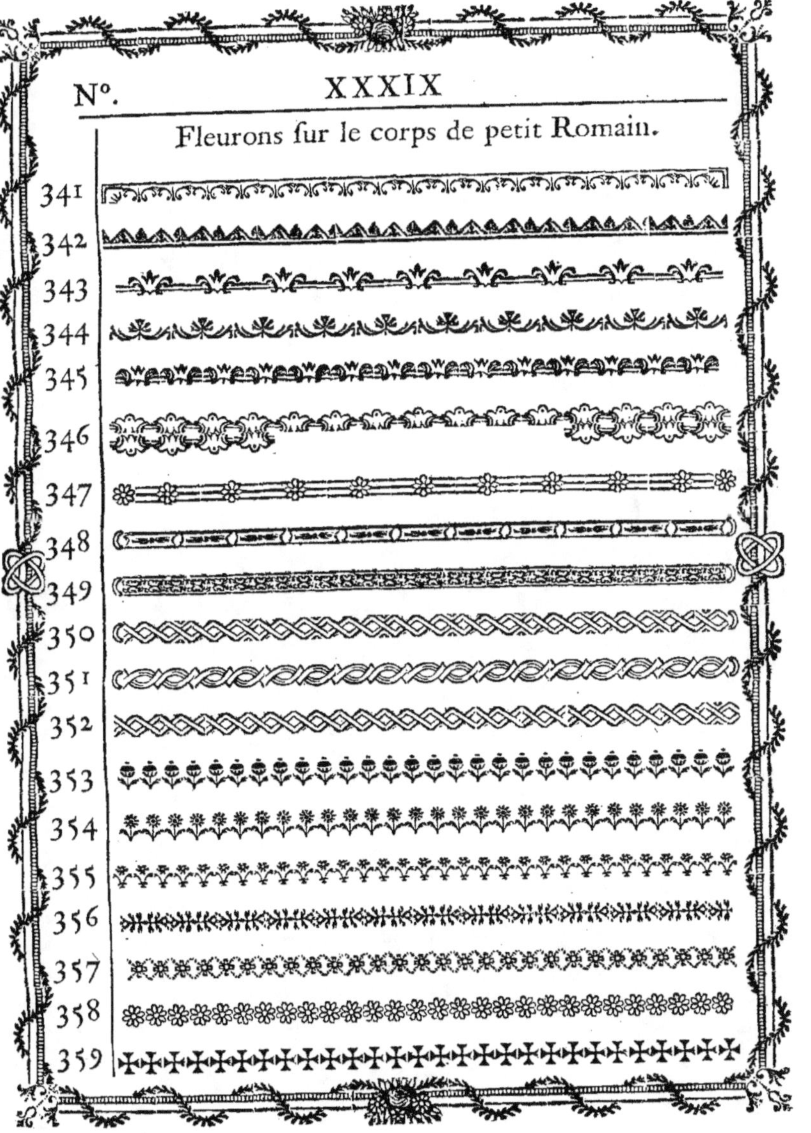

341
342
343
344
345
346
347
348
349
350
351
352
353
354
355
356
357
358
359

Fleurons fur le corps de petit Romain.

360
361
362
363
364
365
366
367
368
369
370
371
372
373
374
375
376
377
378
379

Fleurons fur le corps de petit Romain.

380

381

382

383

384

385

386

387

388

389

390

391

392

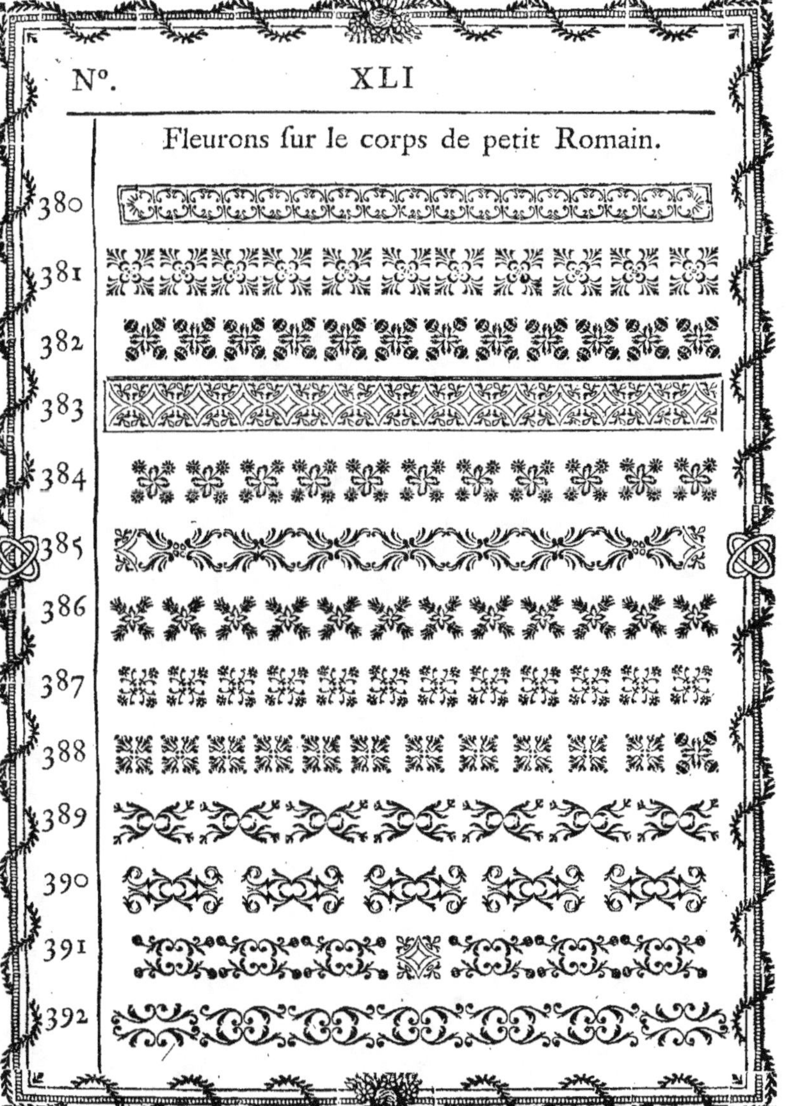

Fleurons ſur le corps de petit Texte.

393
394
395
396
397
398
399
400
401
402
403
404
405
406
407
408
409
410
411
412
413
414
415
416

Fleurons sur le corps de petit Texte.

417
418
419
420
421

Fleurons sur le corps de Nompareille.

422
423
424
425
426
427
428
429
430
431
432
433
434
435
436
437
438

N°. LII